POÈMES
POUR ÊTRE HEUREUX

Volume 3

Le Poète et l'Animal

Anthologie de poésie réjouissante

POÈMES POUR ÊTRE HEUREUX

Volume 3

Le Poète et l'Animal

Anthologie de poésie réjouissante

Anny MARTINE-B.

ISBN : 9781983194092

Dépôt légal décembre 2018.

TABLE DES VOLUMES

Volume 1 – Petits et Grands Bonheurs

Volume 2 – L'Enfant, tout un Poème

Volume 3 – Le Poète et l'Animal

Volume 4 – Poésie et Humour

Volume 5 – Poètes Coquins[1]

[1] La série *ÉROTIQUE, LIBERTINE, LICENCIEUSE... POÉSIES – Anthologie Illustrée de Poèmes sensuels, polissons, ou grivois* se situe dans la continuité de ce volume : elle regroupe notamment des poèmes n'ayant pu y trouver leur place en raison de leur thème, de leur vocabulaire, de leur niveau de paillardise, ou de leurs illustrations.

INTRODUCTION

Cette anthologie de poèmes est une friandise.

Le convive qui la dégustera n'y trouvera aucun ingrédient indigeste, aucune saveur acide, aucun relent aigre. La dégustation ne sera que velours et humanité, l'arrière-goût douceur et sérénité.

Ici, pas de recette : ni analyse savante ni décodage technique, juste du plaisir à déguster au gré de ses envies.

Ce choix de textes, et d'écrivains parfois injustement oubliés, est totalement subjectif, et n'a pour ligne directrice que la beauté et l'émotion, pour seuls desseins l'enchantement et l'amusement. Des poèmes largement répandus y sont présents, mais des pièces moins connues y sont privilégiées.

En hommage aux auteurs, leur visage accompagnera leurs textes, et quelques mots (informations ou anecdotes) permettront de s'en rapprocher.

Et pour compléter le plaisir, les vers seront illustrés par des œuvres d'artistes de talent.

Les poèmes, rassemblés par thèmes en cinq volumes, sont classés dans celui-ci par ordre alphabétique de leur titre. La table des matières est suivie d'un index des noms d'auteurs, ainsi que de pages *NOTES*

sur lesquelles lectrices et lecteurs pourront consigner leurs remarques ou ressentis.

Pourquoi ce recueil ? Parce que les œuvres qu'il réunit me donnent depuis de si longues années plénitude et divertissement dans les moments heureux, et réconfort dans les moments douloureux, que j'ai souhaité les partager avec celles et ceux qui ne voudront pas se priver plus longtemps de leurs bienfaits.

À toutes et tous, bonne lecture, délectez-vous des talents multiples de ces poètes.

Anny MARTINE-B.

Hugo et l'araignée,

Le bouc de Richepin,

Le faisan d'Angellier,

Banville et les lapins...

À compter nos brebis...

[…]
À compter nos brebis je remplace ma mère ;
Dans nos riches enclos j'accompagne mon père ;
J'y travaille avec lui. C'est moi de qui la main,
Au retour de l'été, fait résonner l'airain
Pour arrêter bientôt d'une ruche troublée,
Avec ses jeunes rois la jeunesse envolée.
Une ruche nouvelle à ces peuples nouveaux
Est ouverte ; et l'essaim, conduit dans les rameaux
Qu'un olivier voisin présente à son passage,
Pend en grappe bruyante à son amer feuillage.
[…]

André CHÉNIER (1762-1794)
Recueil posthume « Les Bucoliques », 1819

La Bergerie. [Recadré]
Par Charles Jacque. 1857.

À une chatte

Chatte blanche, chatte sans tache,
Je te demande, dans ces vers,
Quel secret dort dans tes yeux verts,
Quel sarcasme sous ta moustache.

Tu nous lorgnes, pensant tout bas
Que nos fronts pâles, que nos lèvres
Déteintes en de folles fièvres,
Que nos yeux creux ne valent pas

Ton museau que ton nez termine,
Rose comme un bouton de sein,
Tes oreilles dont le dessin
Couronne fièrement ta mine.

Pourquoi cette sérénité ?
Aurais-tu la clé des problèmes
Qui nous font, frissonnants et blêmes,
Passer le printemps et l'été ?

Devant la mort qui nous menace,
Chats et gens, ton flair, plus subtil
Que notre savoir, te dit-il
Où va la beauté qui s'efface,

Où va la pensée, où s'en vont
Les défuntes splendeurs charnelles ?…
Chatte, détourne tes prunelles ;
J'y trouve trop de noir au fond.

Charles CROS (1842-1888)
Recueil « Le Coffret de santal », 1873

L'édition princeps de cet ouvrage, parue en 1873, porte la dédicace, imprimée sur la première de couverture :

« À Nina, j'offre ce coffret de santal ».

Il s'agit de Marie Anne Gaillard, trente ans alors, dite Nina de Villard (nom de sa mère), ou de Callias (nom de son éphémère époux). Fantasque et délurée, névrotique et bipolaire, pianiste de talent et modèle favori du peintre Édouard Manet, elle tient un salon où elle reçoit les grands de la littérature et des arts : Verlaine, Mendès, Mallarmé, Rimbaud, Cézanne, Berlioz, Wagner…
Compagne de Charles Cros pendant neuf ans, elle l'a quitté depuis deux ans quand il publie la seconde édition du *Coffret de santal*, en 1879, de laquelle il retire alors cette dédicace.

Charles Cros.
Par son frère Henry Cros.

Crédit : ArnoLagrange.
Licence CC BY-SA 3.0.

La Dame aux éventails.
[Nina de Villard]
Par Édouard Manet. 1873.

Berceuse

Endormons-nous, petit chat noir.
Voici que j'ai mis l'éteignoir
Sur la chandelle.
Tu vas penser à des oiseaux
Sous bois, à de félins museaux…
Moi rêver d'Elle.

Nous n'avons pas pris de café,
Et, dans notre lit bien chauffé
(Qui veille pleure.)
Nous dormirons, pattes dans bras.
Pendant que tu ronronneras,
J'oublierai l'heure.

Sous tes yeux fins, appesantis,
Reluiront les oaristys
De la gouttière.
Comme chaque nuit, je croirai
La voir, qui, froide, a déchiré
Ma vie entière.

Et ton cauchemar sur les toits
Te dira l'horreur d'être trois
Dans une idylle.
Je subirai les yeux railleurs
De son faux cousin, et ses pleurs
De crocodile.

Chat harcelé.
Par Goya.
1788.

Cette peinture fait partie d'une série de cartons pour une tapisserie destinée
à la chambre à coucher des infantes dans le Palais du Pardo (Madrid)

Si tu t'éveilles en sursaut
Griffé, mordu, tombant du haut
Du toit, moi-même
Je mourrai sous le coup félon
D'une épée au bout du bras long
Du fat qu'elle aime.

Puis, hors du lit, au matin gris,
Nous chercherons, toi, des souris
Moi, des liquides
Qui nous fassent oublier tout,
Car, au fond, l'homme et le matou
Sont bien stupides.

Charles CROS (1842-1888)
Recueil « Le Coffret de santal », 1873

Lorsque, en 1947, un groupe de spécialistes de la musique fondera une Académie destinée à récompenser des talents musicaux — la première institution décernant des prix dans ce domaine —, le nom choisi pour la désigner sera celui de Charles Cros, en hommage à ses travaux sur le *paléophone*, un appareil de reproduction des sons[1].

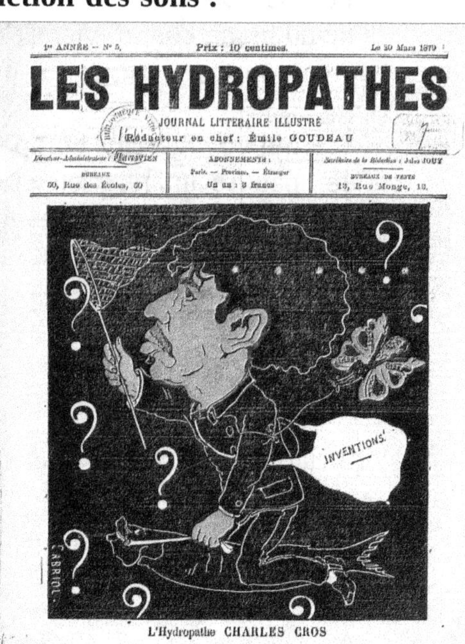

Caricature de Charles Cros.
Par Georges Lorin, dit Cabriol.
1879.

[1] Cf. volume *Petits et Grands Bonheurs*, premier de cette série *POÈMES POUR ÊTRE HEUREUX*, Anny MARTINE-B.

Bergeronnette

Pauvre petit oiseau des champs,
Inconstante bergeronnette
Qui voltiges, vive et coquette,
Et qui siffles tes jolis chants ;

Bergeronnette si gentille,
Qui tournes autour du troupeau,
Par les prés sautille, sautille,
Et mire-toi dans le ruisseau !

Va, dans tes gracieux caprices,
Becqueter la pointe des fleurs,
Ou poursuivre, au pied des génisses,
Les mouches aux vives couleurs.

Reprends tes jeux, bergeronnette,
Bergeronnette au vol léger ;
Nargue l'épervier qui te guette…
Je suis là pour te protéger ;

Si haut qu'il soit, je puis l'abattre…
Petit oiseau, chante !… et demain,
Quand je marcherai, viens t'ébattre,
Près de moi, le long du chemin.

Moi, qui voyage sans compagne,
Moi, pauvre amant, triste et rêveur,
Errant dans la verte campagne,
Quand je suis seul avec mon cœur,

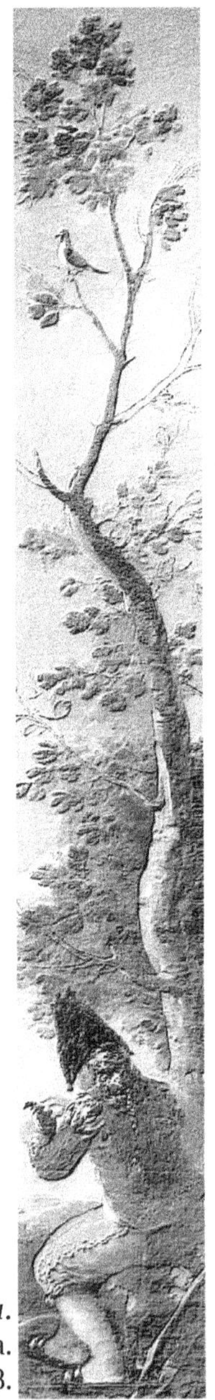

L'Enfant à l'oiseau.
Par Goya.
1788.

Cette peinture fait partie d'une série de cartons pour une tapisserie destinée
à l'antichambre du Prince des Asturies au Palais du Pardo (Madrid)

C'est ton doux chant qui me console,
Je n'ai point d'autre ami que toi !
Bergeronnette, vole, vole,
Bergeronnette, devant moi !…

Charles DOVALLE (1807-1829)
Recueil posthume « Poésies », 1830

La vie de ce poète, dramaturge, journaliste, critique de théâtre, débute et se termine dans des circonstances particulières : il naît prématurément car sa mère a subi une tentative d'empoisonnement, et il meurt prématurément, à l'âge de vingt-deux ans, des suites d'une blessure par balle reçue lors d'un duel que lui avait valu l'un de ses articles.

Dovalle commence à présenter sa poésie à ses proches quand il est adolescent. À vingt ans, il s'enhardit à publier (dans la revue *Mercure du XXe siècle*, renommée par la suite *Mercure de France du XXe siècle*), mais, redoutant la critique, il le fait sous le pseudonyme *Mlle Pauline A*, de Poitiers.***

À sa mort, son éditeur fait paraître l'ouvrage sur lequel il travaillait, en demandant à Victor Hugo de bien vouloir le préfacer.

Le Chardonneret.
Par Carel Fabritius.
1654.

Blanche

Blanche a de grands yeux bleus d'une douceur insigne,
Qu'elle ferme à demi, d'un air tendre et mourant.
Son petit nez mutin est rose et transparent ;
Elle a dans ses contours des mollesses de cygne.

De son corps assoupli l'harmonieuse ligne
Enchante le regard qui va la parcourant,
Et l'on peut admirer le grand soin qu'elle prend
D'être à la fois aimable et caressante et digne.

Elle est svelte et légère, et vous n'entendez pas,
Quand elle vient à vous, le moindre bruit de pas,
Tant de ses petits pieds la marche est délicate !

La voyant si charmante et si mignonne en tout,
Si douce en ses façons, mise de si bon goût,
On en est amoureux. — Mais Blanche… est une chatte.

Amédée POMMIER (1804-1877)
Recueil « Colifichets – Jeux de rimes », 1860

Ce poète, qui a la triste particularité d'avoir été le témoin du suicide de ses parents, remporte en 1847 le prix de poésie de l'Académie française (le sujet en était cette année-là « La découverte de la vapeur ») ; en 1848 il obtient une médaille pour l'un de ses poèmes ; et en 1849, c'est un prix d'éloquence qui lui est décerné.

Caügt

Caügt avait deux jolis coqs dans son panier.
Il a quatre-vingts ans. Il vit près des sentiers
de Saint-Boès qui sont désolés et sauvages.
Les bécassines y font luire leur plumage.
Caügt m'a dit : salut ! Et dans le champ sauvage
ma chienne essoufflée ramassait la bécassine
tuée. Caügt m'a dit : j'ai connu vos parents
qui sont morts. J'ai quatre-vingts ans.
Mon fils avait pareille une chienne de chasse.
Et le coteau était noir, roux comme les bécasses.
Caügt m'a dit : salut ! Et vers le bois terrible
je suis allé. Caügt me regardait partir.

J'étais dans les touyas avec ma chienne douce,
et nous allions au bois d'argent, d'ombre et de mousse.
Et j'ai pensé à toi qui as la peau douce
comme un grain de raisin et une nèfle rousse.

Les éperviers aigus volaient sans avoir l'air de bouger.

La tête lourde des corbeaux comme un clou épais.

Les piverts volent comme des vagues, en courbées
et, droits, ils griffent l'écorce, cachant leurs plumes vertes.
Les ruisseaux après la pluie sont un peu jaunes
et, au printemps, au bord, il y a des anémones.
Le coteau est comme en sang noir et, du haut,
les montagnes nagent au ciel doux, simple et beau.
De l'autre côté des coteaux sont les villages
doux qui dorment au soleil comme des haches.
Là, il y a des tonnelles tristes au vieux jardin
où les poules grattent près des buis, des ricins.
La tonnelle en lauriers luisants est verte et noire.
Il y a un banc, au fond, en bois couleur de soir,
et qui est un peu humide, à cause de l'ombre,

même l'été quand le soleil est en bleu plomb.
Viens-y ! L'après-midi sera luisant. Ta bouche
sur ma bouche, nous nous tairons, et les cigales
cliqueront sur les roses en eau rose du Bengale.
Nous nous aimerons tant que nous ne respirerons plus,
en nous pressant sur le banc noir et vermoulu,
aux pieds en bûches. Puis nous reviendrons, le soir.
Les génisses douces tendront le cou vers toi, à l'abreuvoir.
Puis nous irons voir Caügt dont le nom me plaît
comme une flûte et comme des violettes,
Caügt qui dit : salut !, qui a quatre-vingts ans,
des joues rouges ridées, maigres, des yeux luisants,
qui regarde, méfiant, par les haies d'églantiers,
et qui porte de jolis coqs dans son panier.

Francis JAMMES (1868-1938)
Recueil « De l'Angélus de l'aube
à l'Angélus du soir », 1898

Pour ce dramaturge, romancier, poète et critique, faire carrière dans la littérature ne coulait pas de source : non seulement il échoue au baccalauréat, mais de plus c'est en écopant d'un zéro en français !

Ses premiers poèmes sont édités à compte d'auteur par sa mère, à Orthez, où ils habitent.

La célébrité acquise, ce Béarnais, de nature solitaire et peu porté sur le dépaysement et le voyage, restera toujours fidèle à ses Pyrénées natales.

Francis Jammes.
1917.

Chanson des cigales

Cigales, mes sœurs,
Qu'importe à nos cœurs
La richesse des granges pleines,
Pourvu que nos voix
Sonnent par les bois
Quand midi flambe sur les plaines ?

Laissons la fourmi
Se glisser parmi
L'amas gisant des blondes gerbes,
Et les noirs grillons,
Hôtes des sillons,
Sautiller dans l'ombre des herbes.

Heureuses de peu,
Pourvu qu'un ciel bleu
Resplendisse à travers les branches,
Nous, nous comptons sur
La manne d'azur
Dont se nourrissent les pervenches.

Par les froids hivers
Nous n'allons pas vers
Ceux qui n'ont pas la voix ou l'aile ;
Dès qu'a fui l'été,
Nous avons été...
Mais notre gloire est immortelle.

Jean Aicard.
Par Nadar.
Vers 1880.

Jean AICARD (1848-1921)
Recueil « Les Poèmes de Provence », 1874

Après une enfance chaotique[1], Aicard devient un homme de Lettres enraciné dans sa Provence natale.

[1] Cf. volume *L'Enfant, tout un Poème*, Anny MARTINE-B.

Une cigale.

Du cerf qui se voit en la fontaine

En la claire fontaine
Un cerf se regardait,
Et la grandeur hautaine
Des cornes étendait.

Ses cornes donc prisa
Pour leur force et hautesse,
Ses jambes déprisa[1]
Pour leur sèche maigresse.

En ce fol jugement
Le veneur vient bien vite ;
Plus que vent véhément,
Le cerf se met en fuite.

Les chiens le vont suivant,
Mais, comme d'aventure
Le cerf se mit avant
En la forêt obscure,

Ses cornes se mêlèrent
Ès branches de ce bois,
En ce lieu l'arrêtèrent,
Suivi de tant d'abois.

Ses jambes loue alors,
Et ses cornes déprise,
Qui ont fait que son corps
Soit de ces chiens la prise.

[1] *Dépriser* : contraire de *priser.*

Ainsi, où nous pensons
Avoir félicité,
Par contraires façons
Trouvons adversité.

Gilles CORROZET (1510-1568)
Recueil « Les Fables du très ancien Ésope,
mises en rithme françoise », 1542

Gilles Corrozet est un polygraphe, et l'un des trois imprimeurs qui impulsent un mouvement de large diffusion des livres grâce à de petits formats agrémentés de nombreuses illustrations.

*Marque d'imprimeur
de Corrozet.*

Profitant d'un jeu de mot
possible sur son nom
(*cœur rosier*), il a opté
pour une rose enfermée
dans un cœur, le tout
accompagné de la devise
biblique *In corde
prudentis requiescit
sapientia* (la sagesse
repose dans un cœur
clairvoyant).

Épitaphe d'un petit chien

Dessous cette motte verte
De lis et roses couverte
Gît le petit Peloton,
De qui le poil foleton
Frisait d'une toison blanche
Le dos, le ventre et la hanche.

Son nez camard, ses gros yeux
Qui n'étaient point chassieux,
Sa longue oreille velue
D'une soie[1] crêpelue,
Sa queue au petit floquet
Semblant un petit bouquet,
Sa jambe grêle[2] et sa patte
Plus mignarde[2] qu'une chatte
Avec ses petits chatons,
Ses quatre petits tétons,
Ses dentelettes d'ivoire,
Et la barbelette noire
De son musequin[3] friand,
Bref tout son maintien riant
Des pieds jusques à la tête,
Digne d'une telle bête,
Méritaient qu'un chien si beau
Eût un plus riche tombeau.

Son exercice ordinaire
Était de japper et braire[4],

---

[1] À l'époque de l'écriture de ce poème, la finale *e*, aujourd'hui muette, se prononçait, et comptait donc pour une syllabe. — Nous rencontrerons, au fil de ces pages, d'autres occurrences de ce cas de figure.

[2] Gracieuse, gracile, délicate.

[3] Joli museau.

[4] Pousser des cris.

Courir en haut et en bas,
Et faire cent mille ébats,
Tous étranges et farouches[5],
Et n'avait guerre qu'aux mouches
Qui lui faisaient maint tourment ;
Mais Peloton dextrement
Leur rendait bien la pareille ;
Car se couchant sur l'oreille,
Finement il aguignait[6]
Quand quelqu'une le poignait[7] :
Lors, d'une habile souplesse
Happant la mouche traîtresse,
La serrait bien fort dedans,
Faisant accorder ses dents
Au tintin de sa sonnette,
Comme un clavier d'épinette[8].

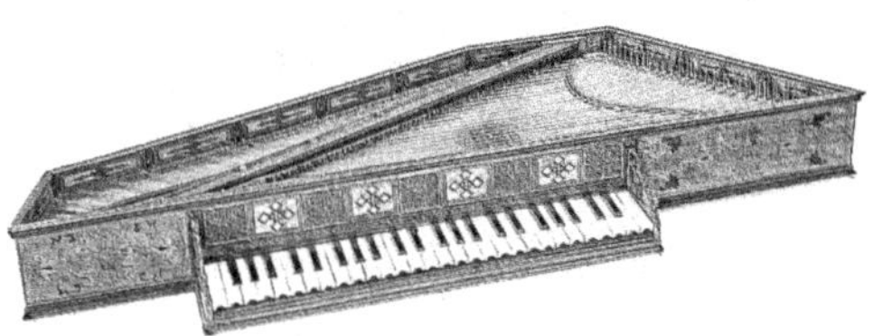

Une épinette.

Peloton ne caressait
Sinon ceux qu'il connaissait,
Et n'eût pas voulu repaître
D'autre main que de son maître[9]
Qu'il allait toujours suivant,
Quelquefois marchait devant,
Faisant ne sais quelle fête
D'un gai branlement de tête.

Peloton toujours veillait
Quand son maître sommeillait,

[5] Brusques.

[6] Regardait en coin.

[7] Piquait.

[8] L'épinette est une sorte de petit clavecin.

[9] Le fait pour un animal de n'accepter d'être nourri que par son maître se rencontre aussi sous la plume du poète espagnol Juan Cristobal Calvete de Estrella (1520-1593), qui place dans son *Livre des tombeaux* une *Complainte* pour son étourneau (qu'il aurait gardé dans son lit la nuit et aurait écrasé en dormant).

Et ne souillait point sa couche
Du ventre ni de la bouche,
Car sans cesse il gratignait
Quand ce désir le poignait,
Tant fut la petite bête
En toutes choses honnête.

Le plus grand mal, ce dit-on[10],
Que fit notre Peloton
(Si *mal* appelé doit être),
C'était d'éveiller son maître,
Jappant quelquefois la nuit,
Quand il sentait quelque bruit ;
Ou bien le voyant écrire,
Sauter, pour le faire rire,
Sur la table et trépigner,
Folâtrer, et gratigner,
Et faire tomber sa plume,
Comme il avait de coutume.
Mais quoi ? nature ne fait
En ce monde rien parfait,
Et n'y a chose si belle
Qui n'ait quelque vice en elle.

Peloton ne mangeait pas
De la chair à son repas :
Ses viandes plus prisées,
C'étaient miettes brisées,
Que celui qui le paissait[11]
De ses doigts amollissait ;
Aussi sa bouche était pleine
Toujours d'une douce haleine.

Mon dieu quel plaisir c'était,
Quand Peloton se grattait,

[10] D'après ce qu'on dit.
[11] Nourrissait.

Faisant tinter sa sonnette
Avec sa tête follette !
Quel plaisir, quand Peloton
Cheminait sur un bâton,
Ou coiffé d'un petit linge,
Assis comme un petit singe,
Se tenait mignardelet
D'un maintien damoiselet[12] !
Ou sur les pieds de derrière,
Portant la pique guerrière
Marchait d'un front assuré,
Avec un pas mesuré !
Ou couché dessus l'échine,
Avec ne sais quelle mine
Il contrefaisait le mort !
Ou quand il courait si fort
Qu'il tournait comme une boule,
Ou un peloton qui roule !

Bref, le petit Peloton
Semblait un petit mouton :
Et ne fut onc[13] créature
De si bénigne[14] nature.

Las, mais ce doux passe-temps
Ne nous dura pas longtemps ;
Car la mort ayant envie
Sur l'aise[15] de notre vie,
Envoya devers Pluton[16]
Notre petit Peloton,
Qui maintenant se promène

[12] De petit damoiseau (jeune gentilhomme pas encore adoubé chevalier).
[13] Jamais.
[14] Bienveillante.
[15] Le contentement.
[16] Mythologie romaine : Pluton règne sur le royaume des morts.

Parmi cette ombreuse plaine
Dont nul ne revient vers nous.
Que maudites soyez-vous,
Filandières[17] de la vie,
D'avoir ainsi par envie
Envoyé devers Pluton
Notre petit Peloton ;
Peloton qui était digne
D'être au ciel un nouveau signe,
Tempérant le Chien cruel[18]
D'un printemps perpétuel.

Joachim DU BELLAY (vers 1522-1560)
Recueil « Divers Jeux rustiques », 1558

Ce poème est à rapprocher de celui publié l'année suivante : *Sur la mort d'un petit chien*[19]**, par Olivier de Magny, ami de Joachim Du Bellay**[20]**.**

---

[17] Référence aux Moires ou Parques, déesses présidant à la destinée dans les mythologies grecque et romaine, et généralement représentées comme des fileuses : l'une fabrique le fil de la vie, une autre le déroule, et la dernière le coupe.

[18] Ce « Chien cruel » est l'étoile Sirius, qui appartient à la constellation du Grand Chien ; bien visible de la Terre car la plus brillante dans le ciel (après le Soleil), elle est dite « Étoile Petite Chienne », en latin *stella canicula* (de *canis*, « chien ») ; or les grandes chaleurs d'été coïncident avec la période où Sirius se lève et se couche avec le soleil ; ce qui a amené les anciens à rendre l'étoile responsable du phénomène qu'ils ont alors désigné de son surnom : voilà pourquoi nous avons en été des *canicules*, et pourquoi Sirius est un « Chien cruel », que va tempérer le gentil Peloton, destiné à devenir « un nouveau signe » dans le ciel.

[19] Cf. page 127.

[20] Dossier sur Du Bellay dans l'anthologie *Poésie amoureuse des XIVe, XVe et XVIe siècles [...]*, Anny MARTINE-B.

Les Parques. Par Bernardo Strozzi. Début XVIIe siècle.

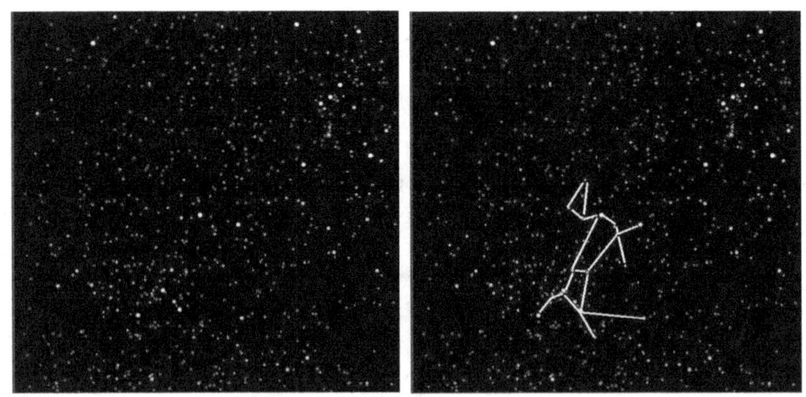

Constellation du Grand Chien.
Par Till Credner. 23 mars 2003.

Fille du vieux pasteur

Fille du vieux pasteur qui, d'une main agile,
Le soir emplis de lait trente vases d'argile,
Crains la génisse pourpre au farouche regard,
Qui marche toujours seule et qui paît à l'écart.
Libre elle lutte et fuit, intraitable et rebelle.
Tu ne presseras point sa féconde mamelle,
À moins qu'avec adresse un de ses pieds lié
Sous un cuir souple et lent ne demeure plié.

André CHÉNIER (1762-1794)
Recueil posthume « Les Bucoliques », 1819

Sur le manuscrit original, le poète a noté : « Vu et fait à Catillon près Forges le 4 août 1792 et écrit à Gournay le lendemain ». Ceci démontre qu'il ne se contente pas d'imiter les anciens, comme il le lui est parfois reproché, mais compose aussi à partir d'observations personnelles.

*Marie Rosalie Bonheur
dite Rosa Bonheur*[1].
Par Édouard Louis Dubufe.
1857.

[1] Rosa Bonheur est spécialisée dans la peinture et la sculpture animalières.

Idylle

Lorsque mai va finir, quand juin brûlant s'avance,
Il faut voir les troupeaux de la basse Provence,
Redoutant la saison où sèchent les ruisseaux,
Où la plaine déserte apparaîtra sans eaux
Et jaune de soleil et d'herbes desséchées ;
Il faut voir s'en aller au loin, têtes penchées,
Nos longs troupeaux gagnant les pacages alpins.
Autour d'eux, saupoudrant les vignes et les pins,
Sous leurs dix mille pieds, dans la chaude lumière,
Monte en nuage blanc une lente poussière.
Ils vont, et quand parfois un mouton plus gourmand
Broute la haie, ou bien l'admire seulement,
Un chien actif au poil rude aussitôt le presse,
Et le mouton reprend sa marche avec paresse.
Sur les flancs du troupeau plus d'un chien jappe et court,
Et tous les pieds fourchus font un roulement sourd.
Le troupeau suit un chef, vieux comme un patriarche,
Orné d'une sonnaille et qui montre la marche ;
Ce bélier, qu'épargna le boucher, doit savoir
Sans doute où le troupeau va s'arrêter le soir,
Et qu'il gagne un pays humide où l'herbe est tendre ;
Du moins il va bon train, ayant l'air de comprendre.
Tous passent à longs flots, roulant, se soulevant ;
L'un sur l'autre portés, ils vont, fleuve vivant,
Et le regard sans fin suit les courbes des têtes
Et les dos onduleux de ce peuple de bêtes.
Les agneaux hésitants sont derrière, plus loin ;
Un des pâtres demeure afin d'en prendre soin.
Or entre deux troupeaux cheminent les ânesses,
Les ânes, les ânons, et, dessus, les jeunesses,
Les filles des bergers, assises, pieds pendants.
Leur beau rire résonne et découvre leurs dents ;
L'une d'elles parfois allaite un enfant rose
Qui, sur l'âne bercé, rit, la paupière close ;
Parfois, l'âne voisin porte dans ses paniers

Les agneaux las, ou ceux qui sont nés les derniers.
Vienne le soir, qui fait la montagne bleuâtre,
Près des filles chemine un jeune homme, un beau pâtre
Qui redit en riant les bons mots des anciens.
On chante. Les bergers s'en remettent aux chiens,
Et les hameaux, la nuit, comprennent leur approche
À des bruits de grelots sonnant de roche en roche,
Ou bien à l'air plaintif et doux que l'un d'entre eux
Tire, tout en marchant, d'un simple roseau creux.

Jean AICARD (1848-1921)
Recueil « Les Poèmes de Provence », 1874

La Conversation.
Par Rosa Bonheur.
1858.

Impression fausse

Dame souris trotte
Noire dans le gris du soir,
Dame souris trotte
Grise dans le noir.

On sonne la cloche,
Dormez les bons prisonniers !
On sonne la cloche :
Faut que vous dormiez.

Pas de mauvais rêve,
Ne pensez qu'à vos amours.
Pas de mauvais rêve :
Les belles toujours !

Le grand clair de lune !
On ronfle ferme à côté.
Le grand clair de lune
En réalité !

Un nuage passe,
Il fait noir comme en un four,
Un nuage passe.
Tiens, le petit jour !

Dame souris trotte,
Rose dans les rayons bleus.
Dame souris trotte :
Debout paresseux !

Paul Verlaine.
Par Jean Capel.
Vers 1865.

Paul VERLAINE (1844-1896)
Recueil « Parallèlement », 1889

Verlaine écrit ces vers alors qu'il a été incarcéré suite à une crise de violence contre Rimbaud, avec lequel il entretient une relation amoureuse tumultueuse et destructrice.

J'aime l'araignée...

J'aime l'araignée et j'aime l'ortie,
Parce qu'on les hait ;
Et que rien n'exauce et que tout châtie
Leur morne souhait ;

Parce qu'elles sont maudites, chétives[1],
Noirs êtres rampants ;
Parce qu'elles sont les tristes captives
De leur guet-apens ;

Parce qu'elles sont prises dans leur œuvre ;
Ô sort ! fatals nœuds !
Parce que l'ortie est une couleuvre,
L'araignée un gueux ;

Parce qu'elles ont l'ombre des abîmes,
Parce qu'on les fuit,
Parce qu'elles sont toutes deux victimes
De la sombre nuit...

Passants, faites grâce à la plante obscure,
Au pauvre animal.
Plaignez[2] la laideur, plaignez la piqûre,
Oh ! plaignez le mal !

Il n'est rien qui n'ait sa mélancolie ;
Tout veut un baiser.
Dans leur fauve horreur, pour peu qu'on oublie
De les écraser,

L'Araignée qui pleure.
Par Odilon Redon.
1881.

[1] De peu de valeur.
[2] Déplorez.

Pour peu qu'on leur jette un œil moins superbe[3],
Tout bas, loin du jour,
La vilaine bête et la mauvaise herbe
Murmurent : Amour !

Victor HUGO (1802-1885)
Recueil « Les Contemplations », 1856

Fleurs et fruits. Par Balthasar van der Ast. 1620 ou 1621.

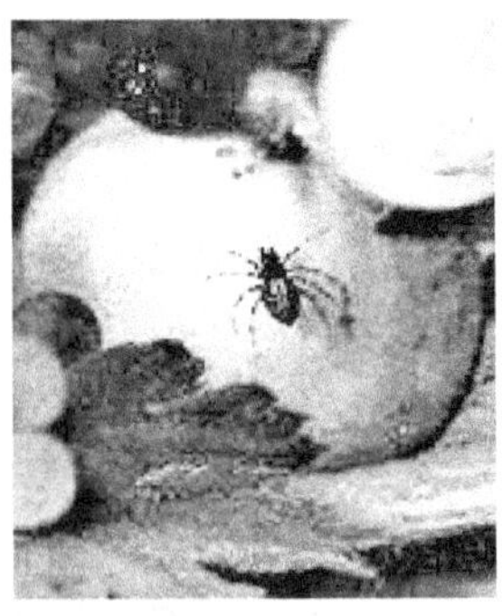

[Détails]

[3] Arrogant.

La ballade des chats

Il en est de tout noirs, des chats d'Andalousie
Exubérants d'amour et fous de jalousie :
Des chats à la peau brune, au pelage soyeux,
Sortant au moindre appel de leur douce paresse
Pour se tendre à la main d'où leur vient la caresse,
Et se cambrer joyeux !

Il en est de tout roux, des grands chats d'Allemagne,
Importés sur le Rhin du temps de Charlemagne :
Des chats très froids, très mous, que chacun peut saisir,
Sans les tirer de leur état soporifère,
Des chats qu'on flatte en vain et qui se laissent faire,
Sans plainte et sans plaisir !

Il en est de tout blancs comme un bloc de Carrare,
Des chats immaculés, le chat vierge – très rare –
Farouche au premier qui les frôle de trop près,
Égratignant leur maître aussitôt qu'il fait mine
D'effleurer de ses doigts leur délicate hermine…
Mais se calmant après !

Il en est de petits, de moyens et d'énormes,
D'obèses, de fluets et de toutes les formes.
Certains bâillent d'ennui, certains autres sont gais ;
Certains ont par moments des ardeurs érotiques,
Certains sont au contraire hébétés, chlorotiques,
Tristes ou fatigués.

« *Le Chat d'Angora* »,
dans *Histoire naturelle du Roy*.
Gravure par Louis Legrand
d'après un dessin par Buvée.
1756.

Mais comme dans l'Éden, les chats et l'Ève humaine
Sont soumis de naissance au même phénomène,
Qu'ils soient noirs, blancs ou roux, dodus ou rabougris,
Dès que la nuit s'abat sur les toits et les tentes,
Toutes les femmes ont des ivresses latentes,
Et tous les chats sont gris !

Henry de FLEURIGNY (1846-1916 (date incertaine))

Sur ce poète, romancier, dramaturge et auteur de chansons, nous ne savons quasiment rien. Il peut être un ancien militaire, et il a pu écrire également sous les pseudonymes *H. de Saint-Cyr* et *Henry Micard*.

*Planche d'étude
du mouvement des chats.*
[Recadré]
Par Léonard de Vinci.
Entre 1513 et 1515.

L'abeille

Quand l'abeille, au printemps, confiante et charmée,
Sort de la ruche et prend son vol au sein des airs,
Tout l'invite et lui rit sur sa route embaumée.
L'églantier berce au vent ses boutons entr'ouverts ;
La clochette des prés incline avec tendresse,
Sous le regard du jour, son front pâle et léger.

L'abeille cède émue au désir qui la presse ;
Elle aperçoit un lis et descend s'y plonger.
Une fleur est pour elle une mer de délices.
Dans son enchantement, du fond de cent calices
Elle sort trébuchant sous une poudre d'or.
Son fardeau l'alourdit, mais elle vole encor.
Une rose est là-bas qui s'ouvre et la convie ;
Sur ce sein parfumé tandis qu'elle s'oublie,
Le soleil s'est voilé. Poussé par l'aquilon,
Un orage prochain menace le vallon.
Le tonnerre a grondé. Mais dans sa quête ardente
L'abeille n'entend rien, ne voit rien, l'imprudente !
Sur les buissons en fleurs l'eau fond de toute part ;
Pour regagner la ruche il est déjà trop tard.
La rose si fragile et que l'ouragan brise,
Referme pour toujours son calice odorant ;
La rose est une tombe et l'abeille surprise
Dans un dernier parfum s'enivre en expirant.

Qui dira les destins dont sa mort est l'image ?
Ah ! combien parmi nous d'artistes inconnus,
Partis dans leur espoir par un jour sans nuage,
Des champs qu'ils parcouraient ne sont pas revenus !
Une ivresse sacrée aveuglait leur courage ;
Au gré de leurs désirs, sans craindre les autans[1],

[1] Vents forts du Languedoc.

Ils butinaient au loin sur la foi du printemps.
Quel retour glorieux l'avenir leur apprête !

À ces mille trésors épars sur leur chemin
L'amour divin de l'art les guide et les arrête :
Tout est fleur aujourd'hui, tout sera miel demain.
Ils revenaient déjà vers la ruche immortelle ;
Un vent du ciel soufflait, prêt à les soulever.
Au milieu des parfums la Mort brise leur aile ;
Chargés comme l'abeille ils périssent comme elle,
Sur le butin doré qu'ils n'ont pas pu sauver.

Louise ACKERMANN (1813-1890)
Recueil « Contes et Poésies », 1863

Fille de parents aux convictions opposées (un père indépendant d'esprit et amoureux des Lettres, une mère attachée aux conventions, croyante, et hostile aux lettrés), Louise Victorine Choquet est une enfant peu liante, ce qui lui vaut à l'école le sobriquet « ourson ».

Lorsqu'elle commence à écrire des vers, son professeur de littérature les fait lire à l'un de ses amis proches : Victor Hugo. Le Maître prodigue ses conseils à la jeune fille.

Vers l'âge de trente ans, Louise Choquet épouse Paul Ackermann, un linguiste alsacien.

Louise Ackermann.
Par Paul Merwart.

La bonne chienne

Les deux petits jouaient au fond du grand pacage ;
La nuit les a surpris, une nuit d'un tel noir
Qu'ils se tiennent tous deux par la main sans se voir :
L'opaque obscurité les enclot dans sa cage.
Que faire ? les brebis qui paissaient en bon nombre,
Les chèvres, les cochons, la vache, la jument,
Sont égarés ou bien muets pour le moment,
Ils ne trahissent plus leur présence dans l'ombre.
Puis, la vague rumeur des mauvaises tempêtes
Sourdement fait gronder l'écho.
Mais la bonne chienne Margot
A rassemblé toutes les têtes
Du grand troupeau…
Si bien que, derrière les bêtes,
Chacun des deux petits lui tenant une oreille,
Tous les trois, à pas d'escargot,
Ils regagnent enfin, là-haut,
Le vieux seuil où la maman veille.

Maurice Rollinat
chantant au piano.
D'après une aquarelle
de Gaston Béthune.
Revue *L'Art et l'idée.*
1892.

Maurice ROLLINAT (1846-1903)
Recueil « Paysages et Paysans », 1899

Le poète, issu d'une vieille famille de notaires et avocats du Berry, a pour marraine de littérature George Sand, Berrichonne elle aussi et amie de son père.

À Paris, Nina de Villard[1] le convie à son salon, Sarah Bernhardt l'introduit auprès de personnalités du monde artistique, Victor Hugo le reçoit chez lui.

Rollinat devient un habitué du cabaret *Le Chat Noir*, point de rencontre du Tout-Paris, où il chante ses poèmes. Son charisme est tel que, dit-on, des spectateurs (tels Wilde ou Leconte de Lisle) s'évanouissent lors de ses prestations.

[1] Cf. page 15.

La carpe et les carpillons

« Prenez garde, mes fils, côtoyez moins le bord,
Suivez le fond de la rivière ;
Craignez la ligne meurtrière,
Ou l'épervier plus dangereux encor. »

C'est ainsi que parlait une carpe de Seine
À de jeunes poissons qui l'écoutaient à peine.
C'était au mois d'avril : les neiges, les glaçons,
Fondus par les zéphyrs, descendaient des montagnes ;
Le fleuve enflé par eux s'élève à gros bouillons,
Et déborde dans les campagnes.
« Ah ! ah ! criaient les carpillons,
Qu'en dis-tu, carpe radoteuse ?
Crains-tu pour nous les hameçons ?
Nous voilà citoyens de la mer orageuse ;
Regarde : on ne voit plus que les eaux et le ciel ;
Les arbres sont cachés sous l'onde ;
Nous sommes les maîtres du monde,
C'est le déluge universel.
– Ne croyez pas cela, répond la vieille mère ;
Pour que l'eau se retire il ne faut qu'un instant :
Ne vous éloignez point, et, de peur d'accident,
Suivez, suivez toujours le fond de la rivière.
– Bah ! disent les poissons, tu répètes toujours
Mêmes discours.
Adieu, nous allons voir notre nouveau domaine. »

Parlant ainsi, nos étourdis
Sortent tous du lit de la Seine,
Et s'en vont dans les eaux qui couvrent le pays.
Qu'arriva-t-il ? Les eaux se retirèrent,
Et les carpillons demeurèrent ;
Bientôt ils furent pris,
Et frits.

Pourquoi quittaient-ils la rivière ?
Pourquoi ? je le sais trop, hélas !
C'est qu'on se croit toujours plus sage que sa mère ;
C'est qu'on veut sortir de sa sphère ;
C'est que… c'est que… je ne finirai pas.

Jean Pierre CLARIS de FLORIAN (1755-1794)
Recueil « Fables – Livre I », 1792

Principalement connu de nos jours pour les cent douze fables qu'il a écrites à la fin de sa vie, ce romancier, dramaturge et poète, élu très jeune à l'Académie française puisqu'il n'a alors que trente-trois ans, est un proche de Voltaire, qui l'a rebaptisé *Florianet* et le dit son « neveu par ricochets » (l'une de ses nièces a épousé un oncle de Jean Pierre Claris de Florian).

D'abord au service du duc de Penthièvre (son page à treize ans, puis officier dans son régiment de dragons), il se consacre ensuite exclusivement à l'écriture. Mais le duc de Penthièvre — qui, lui, le surnomme *Pulcinella* (Polichinelle), peut-être en raison de son caractère jovial et de son esprit vif —, restera toujours son ami et son protecteur.

Le Marché aux poissons.
Par Joachim Beuckelaer.
1568.

La chatte noire

I
Dans le moulin de Roupeyrac,
Se tient assise sur son sac
Une chatte couleur d'ébène ;
Il est bien certain qu'elle dort :
Ses yeux ne sont que deux fils d'or
Et ses griffes sont dans leur gaine.

Pourtant, ne vous y fiez pas
Et trottinez un peu plus bas,
Rats qui courez par les trémies,
Si vous ne voulez, tout à coup,
Sentir entrer dans votre cou
Toutes ces griffes endormies.

Gardez-vous de donner l'assaut
Au grain qui dort dans le boisseau !
Car, si la Noire se réveille,
Demain, en sacrant, le meunier
Trouvera rouge, au farinier,
La farine blanche la veille.

Soyez discrets, soyez prudents !
N'allez pas aiguiser vos dents
Sur le sac où dort l'assassine,
Car elle bondirait soudain,
Et vous lui crieriez, bien en vain :
« Cousine ! cousine ! oh ! cousine !... »

Le Chat.
Bestiaire de Northumberland.
1250-1260.

II

Près du moulin, dans le verger,
Au soleil, on voit s'allonger
Une chatte couleur d'ébène ;
Il est bien certain qu'elle dort :
Ses yeux ne sont que deux fils d'or.
Et ses griffes sont dans leur gaine.

Pourtant, ne vous y fiez pas
Et voletez un peu moins bas,
Moineaux, pillards de chènevière !
En s'éveillant, elle pourrait,
Pour se dégourdir le jarret,
Vous faire mordre la poussière.

Chardonnerets au beau pourpoint,
Dans ce verger ne nichez point ;
Ô roitelet, ô rouge-gorge,
Pinson, hôte du vieux poirier,
Écoutez donc !… j'entends crier
Des oisillons que l'on égorge…

C'est bien la chatte noire, hélas !
Elle rôdait par les lilas,
Ainsi qu'un tigre dans les jungles,
Et, flairant quelque fin souper,
Jusqu'au nid elle a dû grimper.
Gare à ses dents ! Gare à ses ongles !

Chat chassant des oiseaux.
Tombe égyptienne.
XIVe siècle av. J.C.

Chat mangeant un poisson.
Tombe égyptienne.
XVe siècle av. J.C.

III
Sous le moulin, dans le ruisseau,
Se tient assise au bord de l'eau,
Une chatte couleur d'ébène ;
Il est bien certain qu'elle dort :
Ses yeux ne sont que deux fils d'or
Et ses griffes sont dans leur gaine.

Pourtant, ne vous y fiez pas,
Et gardez-vous, dans vos ébats,
De trop approcher de la rive,
Goujons dorés et bleus barbeaux,
Si vous ne voulez, dans le dos,
Sentir une griffe furtive !

Certe[1] elle n'aime pas le bain,
La chatte noire ! mais enfin,
Pour y harponner une truite,
Elle se risque quelquefois
À se mouiller un peu les doigts,
Comme le diable en l'eau bénite.

Et puis, son nez rose paraît
Plus rose encore et l'on dirait
Une bouche de jeune fille,
Lorsque d'un beau poisson tremblant,
Qu'elle dévore en grommelant,
La queue à sa lèvre frétille.

[1] Le mot a toujours pris un *s* final (terminaison étymologique), mais la licence poétique autorisait les auteurs à le supprimer si la nécessité s'en faisait sentir ; ici, c'est le mètre qui l'a exigé.

IV

À Roupeyrac, dans le bois noir,
On voit souvent glisser, le soir,
Une chatte couleur d'ébène ;
Elle passe, ouvrant ses yeux d'or,
Aussi discrète que la mort,
Aussi farouche, aussi soudaine.

En face du chasseur transi,
Elle vient à l'affût aussi.
Dans l'herbe, où sa robe se mouille,
Elle fait face au braconnier
Et bien souvent c'est ce dernier
Qui de la forêt sort bredouille.

Ainsi, garde à vous, lapereaux
À peine aussi rusés que gros !
La chatte noire a, sur la paille,
Des nourrissons, vrais chenapans
Qui pourraient bien, à vos dépens,
Demain matin faire ripaille ;

Puis, pour leurs jeux extravagants,
Dans votre peau tailler des gants
Ou traîner leur immense proie
Tout un jour par le corridor,
Tel Achille traînant Hector
Autour des murailles de Troie !

Freyja.
Par Nils Blommér.
1852.
(Déesse de la mythologie
nordique, dont le char
est tiré par deux chats)

V

Il est minuit, la ferme dort.
Seule ouvrant ses deux grands yeux d'or,
Près du foyer, la chatte veille,
Et songe en passant proprement
Sa patte alternativement
Derrière l'une et l'autre oreille.

Parfois elle s'arrête un peu,
Pour regarder du chêne en feu
S'enfuir des groupes d'étincelles,
Ou pour écouter la chanson
Du gaz qui filtre du tison,
Et qu'elle prend pour un bruit d'ailes.

D'ailleurs, Milord, le chien d'arrêt,
Qui rêve aussi de la forêt,
Glapit à l'autre coin de l'âtre ;
Et la chatte, l'air anxieux,
Ne ferme qu'à moitié les yeux
Et se tient prête à le combattre.

Mais voilà que ses nourrissons
Accourent… Des doigts polissons
Peignent sa queue électrisée.
Elle avertit les imprudents,
Puis gronde, puis montre les dents,
Puis rugit, en mère offensée ;

François Fabié.
Par Henri Othon Brauer.
1894.

Enfin, après un vif juron,
Elle leur distribue en rond
Quatre ou cinq gifles maternelles,
Et, le silence étant complet,
Leur tend ses flancs chargés de lait,
En refermant ses deux prunelles.

François FABIÉ   (1846-1928)
Recueil « Fleurs de genêts », 1920

Né, dans le moulin familial, d'un père meunier et bûcheron et d'une mère paysanne, brillant élève, le jeune Aveyronnais devient professeur et écrivain. Sa « poésie agreste »[1] dévoile son goût exclusif pour le bucolique et son amour pour le Rouergue, qui l'a vu naître et où il terminera sa vie.

Maison natale de François Fabié.

[1] Ses propres mots dans le poème *À ma mère, Rose Séguret.*

La coccinelle

Elle me dit : « Quelque chose
Me tourmente. » Et j'aperçus
Son cou de neige, et, dessus,
Un petit insecte rose.

J'aurais dû — mais, sage ou fou,
À seize ans on est farouche —
Voir le baiser sur sa bouche
Plus que l'insecte à son cou.

On eût dit un coquillage ;
Dos rose et taché de noir.
Les fauvettes pour nous voir
Se penchaient dans le feuillage.

Sa bouche fraîche était là :
Je me courbai sur la belle,
Et je pris la coccinelle ;
Mais le baiser s'envola.

« Fils, apprends comme on me nomme »
Dit l'insecte du ciel bleu,
« Les bêtes sont au bon Dieu,
Mais la bêtise est à l'homme. »

Victor Hugo.

Victor HUGO (1802-1885)
Recueil « Les Contemplations », 1856

Hugo, c'est l'homme de Lettres au succès assuré quel que soit le genre de l'ouvrage qu'il publie, c'est le pionnier du romantisme, c'est le dessinateur prolifique, c'est le citoyen investi en politique, c'est le patriarche qui porte sa famille à bout de bras et élève ses petits-enfants orphelins de père... c'est aussi l'homme aux innombrables maîtresses.

La fauvette et le rossignol

Une fauvette, dont la voix
Enchantait les échos par sa douceur extrême,
Espéra surpasser le rossignol lui-même
Et lui fit un défi. L'on choisit dans le bois
Un lieu propre au combat. Les juges se placèrent :
C'étaient le linot, le serin,
Le rouge-gorge et le tarin.
Tous les autres oiseaux derrière eux se perchèrent.
Deux vieux chardonnerets et deux jeunes pinsons
Furent gardes du camp, le merle était trompette.
Il donne le signal ; aussitôt la fauvette
Fait entendre les plus doux sons ;
Avec adresse elle varie,
De ses accents filés, la touchante harmonie,
Et ravit tous les cœurs par ses tendres chansons.
L'assemblée applaudit. Bientôt on fait silence ;
Alors le rossignol commence.
Trois accords purs, égaux, brillants,
Que termine une juste et parfaite cadence,
Sont le prélude de ses chants ;
Ensuite son gosier flexible,
Parcourant sans effort tous les tons de sa voix,
Tantôt vif et pressé, tantôt lent et sensible,
Étonne et ravit à la fois.
Les juges cependant demeuraient en balance.
Le linot, le serin, de la fauvette amis,
Ne voulaient point donner de prix ;
Les autres disputaient. L'assemblée en silence
Écoutait leurs doctes avis,
Lorsqu'un geai s'écria : « Victoire à la fauvette ! »

Ce mot décida sa défaite :
Pour le rossignol aussitôt
L'aréopage ailé tout d'une voix s'explique.

Ainsi le suffrage d'un sot
Fait plus de mal que sa critique.

Jean Pierre CLARIS de FLORIAN (1755-1794)
Recueil « Fables – Livre IV », 1792

Fresque sur un mur de Pompéi (Italie).
79 ap. J.C. *terminus ad quem.*

La grenouille

En ramassant un fruit dans l'herbe qu'elle fouille,
Chloris vient d'entrevoir la petite grenouille
Qui, peureuse et craignant justement pour son sort,
Dans l'ombre se détend soudain comme un ressort,
Et, rapide, écartant et rapprochant les pattes,
Saute dans les fraisiers, et, parmi les tomates,
Se hâte vers la mare où, flairant le danger,
Ses sœurs l'une après l'autre à la hâte ont plongé.
Dix fois déjà Chloris, à la chasse animée,
L'a prise sous sa main brusquement refermée ;
Mais, plus adroite qu'elle et plus prompte, dix fois
La petite grenouille a glissé dans ses doigts.
Chloris la tient enfin ; Chloris chante victoire !
Chloris aux yeux d'azur de sa mère est la gloire.
Sa beauté rit au ciel ; sous son large chapeau,
Ses cheveux blonds coulant comme un double ruisseau
Couvrent d'un voile d'or les roses de sa joue ;
Et le plus clair sourire à ses lèvres se joue.
Curieuse elle observe et n'est point sans émoi
À l'étrange contact du corps vivant et froid.
La petite grenouille en tremblant la regarde,
Et Chloris, dont la main lentement se hasarde,
A pitié de sentir, affolé par la peur,
Si fort entre ses doigts battre le petit cœur.

Albert SAMAIN (1858-1900)
Recueil « Aux flancs du vase », 1898

Nature morte
avec insectes et amphibiens. [Détail]
Par Otto Marseus van Schrieck.
1662.

La grenouille

Nous t'estimons une Déesse,
Chère Grenouille, qui sans cesse
Au fond des ruisselets herbeux
Te désaltères quand tu veux ;
Et jamais la soif véhémente,
Qui l'été les gorges tourmente
Du pauvre peuple et des grands Rois,
Ne te tourmente ; car tu bois
(Hé Dieu ! que je porte d'envie
Aux félicités de ta vie !)
À gorge ouverte sous les eaux
Comme la Reine des ruisseaux.
   Quand tu es sur la rive herbue,
Aux rais du soleil étendue,
Que tu es aise ! si un bœuf
Passe par là mourant de seuf[1],
Tu enfles contre la grand-bête
Si fort les veines de la tête,
Et coasses d'un si haut bruit,
Que de crainte le bœuf s'enfuit,
Toi demeurant, sur l'herbe épaisse,
Des ondes la seule maîtresse.
   En ton royaume le Serpent
Te combat, mais il se repent
Tout sus l'heure de t'avoir prise,
Car tu lui tiens la tête mise
Si longtemps au fond du ruisseau,
Que tu l'étouffes dessous l'eau.
   En vain le héron t'est contraire,
T'épiant du bord solitaire
De quelque étang, car il ne peut
Te digérer lorsqu'il le veut,
Et vite est contraint de te rendre
Pour fuir, quand on le vient prendre.

[1] Soif.

Cela, Grenouille, que tu vois
Et par les champs et par les bois
Est pour toi, et ce que les prées,
Ce que tiennent les eaux sacrées
De bon, en leur profond reçoy[2],
N'est fait, Grenouille, que pour toi.
   Le Laboureur à ta venue,
Joyeux de ton chant, te salue
Comme prophète du Printemps ;
Tantôt tu prédis le beau temps,
Tantôt la pluie, tantôt l'orage ;
Jamais ton groin ne fait dommage
À fleur, à plante ni à fruit,
N'à[3] rien que la terre ait produit.
Tu vaux bien plus en médecine
Qu'herbe, qu'onguent, ou que racine,
Et ton profitable fiel
Est au malade un don du ciel ;
Tu vaux contre le mal d'Hercule[4],
Ton gosier les venins recule
De ceux qu'empoisonner on veut ;
Ta langue charmeresse peut
Faire conter à la pucelle
Les propos que veut savoir d'elle
Le jeune amant qui la poursuit,
La lui pendant au cou de nuit.
   Bref, que dirai-je plus ? ta vie
N'est comme la nôtre asservie
À la longueur du temps malin ;
Car bientôt bientôt tu prends fin ;
Et nous traînons nos destinées
Quelquefois quatre-vingts années,
Et cent années quelquefois,
Et tu ne dures que six mois,
Franche du temps et de la peine
À laquelle la gent humaine

[2] Recel.   [3] Ni à.

[4] L'épilepsie : le remède con-
sistait à faire cuire des foies
de grenouilles au four sur une
feuille de chou.

(Voici ce qu'on peut lire aussi
dans la littérature médicale de
l'époque :
La grenouille s'utilise en bouil-
lon contre les boutons du visage, la tuberculose, la toux et les
'chaleurs d'entrailles'. Les ap-
plications de frai de grenouille
soignent la goutte, les brûlures
et l'érysipèle. On fait tomber la
fièvre en buvant de la poudre
de foie et de fiel de grenouille
incorporée à du vin blanc, ou
en immobilisant une grenouille
vivante dans ses mains, ou posée sur son front. Les grenouilles crues en morceaux s'appli-
quent sur les abcès et les ... / ...

Est endettée dès le jour
Qu'elle entre en commun séjour.
   Mais le don de ne vivre guère,
Tu reçus, par la singulière
Bonté du Ciel, qui ne fait pas
Tels dons à tous ceux d'ici-bas,
Car tu l'eus pour la récompense
De la soudaine diligence
Que tu fis d'éveiller les dieux[5],
Quand les géants sédicieux,
Méchante race Titanine,
Échelaient leur maison divine :
L'un Pinde sur le dos portait,
Sur l'autre Pelion était,
Et l'autre son échine grosse
Courbait d'ahan sous le mont d'os.
Jà se fiant en leur seul bras
Tenaient les Cieux, et pas à pas
Jà de nuit entraient en la salle
Où, dedans sa chambre royale,
Jupiter de somme tout plein
De sa femme embrassait le sein
Chétif, qui n'avait deviné
À son besoin sa destinée.
   Sur le haut d'Olympe branchu
Était un vieux marais jonchu,
Des grenouilles douce demeure ;
Elles, qui sentirent à l'heure
De minuit le mont s'ébranler,
Firent un grand bruit parmi l'air,
Et leur coasser redoublèrent
Si fort que les dieux s'éveillèrent
Tous en sursaut ; ainsi par vous
Les Géants accablés de coups,
Mi-morts pour leur tombe reçurent

...⁄... bubons, et leur fiel, en raison de ses vertus ophtalmiques, sur les yeux. La cendre de grenouille calcinée stoppe les hémorragies. Un bain de bouche avec une décoction de grenouilles bouillies dans de l'eau ou du vinaigre traite le mal aux dents. Le mal d'oreilles ne résistera pas aux instillations de graisse de grenouille. Pour contrer les tumeurs et les maladies vénériennes, un certain sieur De Vigo a inventé un emplâtre à base de grenouilles, vers de terre, mercure, vinaigre, térébenthine, graisse de vipère, fleurs de camomille, etc.
Et il existe encore un foisonnement de telles médications.)

---

[5] Le passage qui suit va faire référence au mythe grec du combat entre Dieux et Titans.

Les monts, dessous lesquels ils churent,
L'un deçà et l'autre delà.
Car l'un renversé s'en alla
Dessous Æthne[6], l'autre eut l'échine
Sous le mont soufreux d'Enarine.

  Or si quelqu'un doit recevoir
Quelque salaire pour avoir
D'un autre chanté la louange,
Octroye-moi pour contre échange
De mes vers, un présent nouveau
Aux premiers mois du renouveau :
C'est que, de ta voix un peu rude,
N'approche jamais de l'étude
Ni du lit de mon cher Belleau.[7]

  Ainsi, Grenouille, ainsi dans l'eau
Le héron bécu[8] ne te grippe[9]
Et le brochet dedans sa tripe
Jamais ne te puisse enfouir,
Et toujours puisses-tu fuir
La pièce rouge, hameçonnée,
Et jamais le sale hyménée
Du crapaud de venin couvert,
Ne puisse fouiller ton dos vert.

Pierre de Ronsard.
Par Benjamin Foulon.

Pierre de RONSARD (1524-1585)
Recueil « Le Bocage de P. de Ronsard Vandomoys », 1554

Il existe des versions ultérieures de ce poème, comportant quelques variantes par rapport à l'édition originale — la dernière, publiée en 1578, ayant même vu supprimés les cinquante-deux derniers vers (de « Car tu l'eus pour la récompense » jusqu'à la fin).

[6] Athènes.
[7] Le poème est dédié à son ami Rémy Belleau.
[8] Au grand bec.
[9] Ne t'agrippe.

La langue du chien

On ne supporte qu'à moitié
Le poids des misères humaines,
Quand le ciel accorde à nos peines
Les tendres soins de l'amitié.

Près de ce chien voyez son maître,
Blessé par le poignard d'un traître,
Dans sa douleur comme il sourit
À l'infatigable tendresse
De la langue qui le caresse
Et tout à la fois le guérit !

Antoine Vincent ARNAULT (1766-1834)
Recueil « Fables – Livre V », 1812

Arnault est homme politique, homme de Lettres et secrétaire de l'Académie française.

Antoine Vincent Arnault
et son chien.
Par François André Vincent.
1801.

L'albatros

Dans l'immense largeur du Capricorne au Pôle
Le vent beugle, rugit, siffle, râle et miaule,
Et bondit à travers l'Atlantique tout blanc
De bave furieuse. Il se rue, éraflant
L'eau blême qu'il pourchasse et dissipe en buées ;
Il mord, déchire, arrache et tranche les nuées
Par tronçons convulsifs où saigne un brusque éclair ;
Il saisit, enveloppe et culbute dans l'air
Un tournoiement confus d'aigres cris et de plumes
Qu'il secoue et qu'il traîne aux crêtes des écumes,
Et, martelant le front massif des cachalots,
Mêle à ses hurlements leurs monstrueux sanglots.
Seul, le Roi de l'espace et des mers sans rivages
Vole contre l'assaut des rafales sauvages.
D'un trait puissant et sûr, sans hâte ni retard,
L'œil dardé par-delà le livide brouillard,
De ses ailes de fer rigidement tendues
Il fend le tourbillon des rauques étendues,
Et, tranquille au milieu de l'épouvantement,
Vient, passe et disparaît majestueusement.

Charles Marie René LECONTE,
dit LECONTE de LISLE (1818-1894)
Recueil « Poèmes tragiques », 1886

Leconte de Lisle.
Par Louis Eugène Pirou.

Lapins

Les petits lapins, dans le bois,
Folâtrent sur l'herbe arrosée
Et, comme nous le vin d'Arbois,
Ils boivent la douce rosée.

Gris foncé, gris clair, soupe au lait,
Ces vagabonds, dont se dégage
Comme une odeur de serpolet,
Tiennent à peu près ce langage :

« Nous sommes les petits Lapins,
Gens étrangers à l'écriture,
Et chaussés des seuls escarpins
Que nous a donnés la Nature.

Près du chêne pyramidal
Nous menons les épithalames,
Et nous ne suivons pas Stendhal
Sur le terrain des vieilles dames.

N'ayant pas lu Dostoïevski,
Nous conservons des airs peu rogues
Et certes, ce n'est pas nous qui
Nous piquons d'être psychologues.

Exempts de fiel, mais non d'humour
Et fuyant les ennuis moroses,
Tout le temps nous faisons l'amour,
Comme un rosier fleurit ses roses.

Nous sommes les petits Lapins.
C'est le poil qui forme nos bottes,
Et, n'ayant pas de calepins,
Nous ne prenons jamais de notes.

Nous ne cultivons pas le Kant ;
Son idéale turlutaine
Rarement nous attire. Quant
Au fabuliste La Fontaine,

Il faut qu'on l'adore à genoux ;
Mais nous préférons qu'on se taise,
Lorsque méchamment on veut nous
Raconter une pièce à thèse.

Étant des guerriers du vieux jeu,
Prêts à combattre pour Hélène,
Chez nous on fredonne assez peu
Les airs venus de Mytilène.

Préférant les simples chansons
Qui ravissent les violettes,
Sans plus d'affaire, nous laissons
Les raffinements aux belettes.

Lapins.
Par François Desportes.
Vers 1700.

Ce ne sont pas les gazons verts
Ni les fleurs, dont jamais nous rîmes
Et, qui pis est, au bout des vers
Nous ne dédaignons pas les rimes.

En dépit de Schopenhauer,
Ce cruel malade qui tousse,
Vivre et savourer le doux air
Nous semble une chose fort douce,

Et dans la bonne odeur des pins
Qu'on voit ombrageant ces clairières,
Nous sommes les tendres Lapins
Assis sur leurs petits derrières. »

Théodore de BANVILLE (1823-1891)
Recueil « Sonnailles et Clochettes », 1888

*Théodore
de Banville.*
Par Jean Coulon.

Crédit : Croquant.
Licence CC BY-SA 4.0.

Figure dominante du monde littéraire, Banville a laissé une œuvre copieuse et variée (poèmes, pièces de théâtre, critiques, contes et nouvelles pour la presse...).

La ruche

Mon compagnon de jeux me disait quelquefois :
« Viens aux abeilles, viens ! » Et dans le petit bois
Nous allions, curieux et troublés, en silence.
Je vois encor le bois de pins qui se balance ;
J'entends ses longs rameaux bercés dans l'air du ciel ;
Puis le susurrement de notre ruche à miel
Se distingue au milieu du frisson des ramures.
Nous n'approchons pas trop, redoutant les piqûres,
Mais nous examinons longtemps de nos grands yeux
L'essor du peuple ailé, toujours laborieux,
Les départs, les retours sans fin, tout le manège.
La dépouille d'un tronc rugueux de chêne-liège,
En deux parts arrachée et reformée en tronc,
C'est là la ruche. Mais tout à coup, d'un pied prompt,
J'ai bondi, me sentant piqué par des abeilles,
Et nous fuyons tous deux, tandis qu'à nos oreilles
Le petit bois, qui vibre au gré de l'air du ciel,
Fait le bruit effrayant de cent ruches à miel.

Jean AICARD (1848-1921)
Recueil « Les Poèmes de Provence », 1874

L'Ami des abeilles.
[Recadré]
Par Hans Thoma.

La tourterelle d'Amymone

Amymone en ses bras a pris sa tourterelle,
Et, la serrant toujours plus doucement contre elle,
Se plaît à voir l'oiseau, docile à son désir,
Entre ses jeunes seins roucouler de plaisir.
Même elle veut encor que son bec moins farouche
Cueille les grains posés sur le bord de sa bouche,
Puis, inclinant la joue au plumage neigeux,
Et, toujours plus câline et plus tendre en ses jeux,
Elle caresse au long des plumes son visage,
Et sourit, en frôlant son épaule au passage,
De sentir, rougissant chaque fois d'y penser,
Son épaule plus douce encore à caresser.

Albert SAMAIN (1858-1900)
Recueil « Aux flancs du vase », 1898

Albert Samain.
Par Félix Vallotton.
Vers 1896.

Samain gagne sa vie dès l'âge de quatorze ans en occupant divers petits emplois.

Il entre en littérature quand il a environ vingt-deux ans, en faisant connaître sa poésie au *Chat Noir*, mythique cabaret parisien où s'assemble l'élite intellectuelle et artistique du moment.

Jeune Fille à la colombe.
[Recadré]
Par Charles Joshua Chaplin.

La vache

Devant la blanche ferme où parfois vers midi
Un vieillard vient s'asseoir sur le seuil attiédi,
Où cent poules gaiement mêlent leurs crêtes rouges,
Où, gardiens du sommeil, les dogues dans leurs bouges
Écoutent les chansons du gardien du réveil,
Du beau coq vernissé qui reluit au soleil,
Une vache était là tout à l'heure arrêtée.
Superbe, énorme, rousse et de blanc tachetée,
Douce comme une biche avec ses jeunes faons,
Elle avait sous le ventre un beau groupe d'enfants,
D'enfants aux dents de marbre, aux cheveux en broussailles,
Frais, et plus charbonnés que de vieilles murailles,
Qui, bruyants, tous ensemble à grands cris appelant
D'autres qui, tout petits, se hâtaient en tremblant,
Dérobant sans pitié quelque laitière absente,
Sous leur bouche joyeuse et peut-être blessante,
Et sous leurs doigts pressant le lait par mille trous,
Tiraient le pis fécond de la mère au poil roux.
Elle, bonne et puissante et de son trésor pleine,
Sous leurs mains par instants faisant frémir à peine
Son beau flanc plus ombré qu'un flanc de léopard,
Distraite, regardait vaguement quelque part.

Victor HUGO (1802-1885)
Recueil « Les Voix intérieures », 1837

Louve Capitoline
allaitant Rémus et Romulus.
Sculpture en bronze.
La louve date du XIIIe siècle
et les jumeaux de la Renaissance.

La vache

Rousse dans le pré vert que la lumière inonde,
Elle va, lente, avec de l'herbe entre les dents ;
Son fanon musculeux croule à plis abondants,
Et sa queue alentour de ses flancs vagabonde.

Entre ses cuisses pend sa mamelle profonde
Comme une outre gonflée aux contours débordants,
D'où coule sans tarir, depuis les temps des temps,
Le lait, fleuve sacré, nourricier du monde.

Grave et douce elle vit, vaguement végétale ;
La sourde attraction de la terre natale
Pèse en ses membres pleins d'une auguste lenteur ;

Et quand midi répand la lumière par douches,
Elle ferme à demi, béate de chaleur,
Ses grands yeux chassieux où pullulent des mouches.

Albert SAMAIN (1858-1900)
Recueil « Au jardin de l'infante », 1893

Vache qui se gratte. Par Constant Troyon. 1859.

Le bon ménager

Un campagnard bon ménager,
Trouvant que son cheval faisait trop de dépense,
Entreprit, quelle extravagance !
De l'instruire à ne pas manger.
« Que ne peut, disait-il, une soigneuse étude ?
Retranchons à diverses fois,
D'abord une poignée, et puis deux, et puis trois ;
Par une insensible habitude,
L'animal trop gourmand viendra sans doute à bout
De ne plus rien manger du tout. »
Charmé d'une pensée et si rare et si fine,
Petit à petit il réduit
Sa bête à jeûner jour et nuit.
Fier d'un si beau succès, il bénit sa lésine ;
Il croit, plein d'allégresse, avoir atteint son but.
Mais courte l'allégresse fut ;
Bientôt, de cruelle famine,
L'étique palefroi mourut.
Le campagnard, surpris, au désespoir se livre :
« Quel malheur, dit-il, est le mien !
Mon cheval justement, hélas ! cesse de vivre
Dans le temps qu'il sait l'art de ne manger plus rien. »

Bernard de LA MONNOYE (1641-1728)

**Son nom émerge lorsqu'il a
trente ans et remporte le prix de
poésie de l'Académie française l'année de sa création ; le thème en était
« L'abolition du duel ». Académicien
à soixante-douze ans, il est surtout
connu pour ses *Noëls*.**

Bernard de La Monnoye. 1713.

Le bouc aux enfants

Sous bois, dans le pré vert dont il a brouté l'herbe,
Un grand bouc est couché, pacifique et superbe.
De ses cornes en pointe, aux nœuds superposés,
La base est forte et large et les bouts sont usés ;
Car le combat jadis était son habitude.
Le poil, soyeux à l'œil mais au toucher plus rude,
Noir tout le long du dos, blanc au ventre à flots gris,
Couvre sans les cacher les deux flancs amaigris.
Et les genoux calleux et la jambe tortue,
La croupe en pente abrupte et l'échine pointue,
La barbe raide et blanche et les grands cils des yeux,
Et le nez long, font voir que ce bouc est très vieux.
Aussi, connaissant bien que la vieillesse est douce,
Deux petits mendiants s'approchent, sur la mousse,
Du dormeur qui, l'œil clos, semble ne pas les voir.
Des cornes doucement ils touchent le bout noir.
Puis, bientôt enhardis et certains qu'il sommeille,
Ils lui tirent la barbe en riant. Lui, s'éveille,
Se dresse lentement sur ses jarrets noueux,
Et les regarde rire, et rit presque avec eux.
De feuilles et de fleurs ornant sa tête blanche,
Ils lui mettent un mors taillé dans une branche,
Et chassent devant eux à grands coups de rameau
Le vénérable chef des chèvres du hameau.
Avec les sarments verts d'une vigne sauvage,
Ils ajustent au mors des rênes de feuillage.
Puis, non contents, malgré les pointes de ses os,
Ils montent tous les deux à cheval sur son dos,
Et se tiennent aux poils, et de leurs jambes nues
Font sonner les talons sur ses côtes velues.
On entend dans le bois, de plus en plus lointains,
Les voix, les cris peureux, les rires argentins ;
Et l'on voit, quand ils vont passer sous une branche,
Vers la tête du bouc leur tête qui se penche,

Tandis que sous leurs coups et sans presser son pas,
Lui va tout doucement pour qu'ils ne tombent pas.

Jean RICHEPIN (1849-1926)
Recueil « La Chanson des gueux », 1876

Dès la parution de cet ouvrage, l'auteur est condamné à un mois de prison et à 500 francs d'amende pour outrages à la morale publique et aux bonnes mœurs. Richepin évoque dans ces pages les miséreux et leurs souffrances, mais il lui est reproché de vouloir choquer les bourgeois et les bien-pensants en faisant l'éloge de la voyouterie, de l'alcoolisme, de la paresse.

En 1881, il publie une seconde version de *La Chanson des gueux* ; il a supprimé deux poèmes (*Ballade de joyeuse vie* et *Fils de fille*), en a modifié trois autres, et a ajouté trente-cinq inédits.

Jean Richepin.
Par Jacques Boyer.

Le castor et le chasseur

Un castor pris au piège était par un chasseur
Employé… comme laboureur.
Jugez de son supplice et de sa maladresse.
Vainement sur son dos on usait l'aiguillon,
Il se couchait sur le sillon.
Le chasseur furieux l'accusant de paresse,
Mon castor, à la fin, sur ses pieds se redresse
Et lui dit : « Donnez-moi du mortier, du moellon,
Laissez-moi, c'est mon goût, redevenir maçon,
Et du travail je reprends l'habitude. »

Tel que vous prétendez être un franc paresseux,
Bientôt vous le verrez adroit, laborieux ;
Mais il faut le classer selon son aptitude.

Pierre LACHAMBEAUDIE (1806-1872)
Recueil « Fables et Poésies », 1854

Pierre Lachambeaudie.

Connu pour ses fables, il est aussi poète et chansonnier.

Le chat

Viens, mon beau chat, sur mon cœur amoureux ;
Retiens les griffes de ta patte,
Et laisse-moi plonger dans tes beaux yeux,
Mêlés de métal et d'agate.

Lorsque mes doigts caressent à loisir
Ta tête et ton dos élastique,
Et que ma main s'enivre du plaisir
De palper ton corps électrique,

Je vois ma femme en esprit. Son regard,
Comme le tien, aimable bête,
Profond et froid, coupe et fend comme un dard,

Et, des pieds jusques à la tête,
Un air subtil, un dangereux parfum,
Nagent autour de son corps brun.

Charles BAUDELAIRE (1821-1867)
Recueil « Les Fleurs du mal », 1857

Ce poète majeur de la littérature française est un écorché vif, qui se sent incompris et se noie dans sa vie dissolue, son « spleen », ses « paradis artificiels », opium, haschisch…

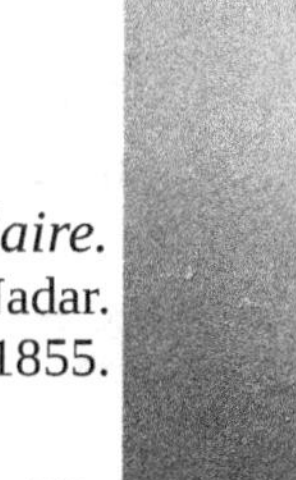

Charles Baudelaire.
Par Nadar.
1855.

Le chat

Je comprends que le chat ait frappé Baudelaire
Par son être magique où s'incarne le sphinx ;
Par le charme câlin de la lueur si claire
Qui s'échappe à longs jets de ses deux yeux de lynx,
Je comprends que le chat ait frappé Baudelaire.

Femme, serpent, colombe et singe par la grâce,
Il ondule, se cambre et regimbe aux doigts lourds ;
Et lorsque sa fourrure abrite une chair grasse,
C'est la beauté plastique en robe de velours :
Femme, serpent, colombe et singe par la grâce,

Vivant dans la pénombre et le silence austère
Où ronfle son ennui comme un poêle enchanté,
Sa compagnie apporte à l'homme solitaire
Le baume consolant de la mysticité
Vivant dans la pénombre et le silence austère.

Tour à tour triste et gai, somnolent et folâtre,
C'est bien l'âme du gîte où je me tiens sous clé ;
De la table à l'armoire et du fauteuil à l'âtre,
Il vague, sans salir l'objet qu'il a frôlé,
Tour à tour triste et gai, somnolent et folâtre.

Sur le bureau couvert de taches d'encre bleue
Où livres et cahiers gisent ouverts ou clos,
Il passe comme un souffle, effleurant de sa queue
La feuille où ma pensée allume ses falots,
Sur le bureau couvert de taches d'encre bleue.

Quand il mouille sa patte avec sa langue rose
Pour lustrer son poitrail et son minois si doux,
Il me cligne de l'œil en faisant une pause,
Et je voudrais toujours l'avoir sur mes genoux
Quand il mouille sa patte avec sa langue rose.

Accroupi chaudement aux temps noirs de décembre
Devant le feu qui flambe, ardent comme un enfer,
Pense-t-il aux souris dont il purge ma chambre
Avec ses crocs de nacre et ses ongles de fer ?
Non ! assis devant l'âtre aux temps noirs de décembre

Entre les vieux chenets qui figurent deux nonnes
À la face bizarre, aux tétons monstrueux,
Il songe à l'angora, mignonne des mignonnes,
Qu'il voudrait bien avoir, le beau voluptueux,
Entre les vieux chenets qui figurent deux nonnes.

Il se dit que l'été, par les bons clairs de lune,
Il possédait sa chatte aux membres si velus ;
Et qu'aujourd'hui pendant la saison froide et brune,
Il doit pleurer l'amour qui ne renaîtra plus
Que le prochain été, par les bons clairs de lune.

Sa luxure s'aiguise aux râles de l'alcôve,
Et quand nous en sortons encor pleins de désir,
Il nous jette un regard jaloux et presque fauve
Car tandis que nos corps s'enivrent de plaisir,
Sa luxure s'aiguise aux râles de l'alcôve.

Quand il bondit enfin sur la couche entrouverte,
Comme pour y cueillir un brin de volupté,
La passion reluit dans sa prunelle verte :
Il est beau de mollesse et de lubricité
Quand il bondit enfin sur la couche entrouverte.

Pour humer les parfums qu'y laisse mon amante,
Dans le creux où son corps a frémi dans mes bras,
Il se roule en pelote et sa tête charmante
Tourne de droite à gauche en flairant les deux draps,
Pour humer les parfums qu'y laisse mon amante.

Alors il se pourlèche, il ronronne et miaule,
Et quand il s'est grisé de la senteur d'amour,
Il s'étire en bâillant avec un air si drôle
Que l'on dirait qu'il va se pâmer à son tour ;
Alors il se pourlèche, il ronronne et miaule.

Son passé ressuscite, il revoit ses gouttières
Où, matou lovelace et toujours triomphant,
Il s'amuse à courir pendant des nuits entières
Les chattes qu'il enjôle avec ses cris d'enfant :
Son passé ressuscite, il revoit ses gouttières.

Panthère du foyer, tigre en miniature,
Tu me plais par ton vague et ton aménité,
Et je suis ton ami, car nulle créature
N'a compris mieux que toi ma sombre étrangeté,
Panthère du foyer, tigre en miniature.

Maurice ROLLINAT (1846-1903)
Recueil « Les Névroses – Les Luxures », 1883

Chat angora blanc.
Par Jean Jacques Bachelier.

Masque du poète Maurice Rollinat.
Par Jean Désiré Ringel d'Illzach.
1892.

Sous ses apparences de masque mortuaire, ce masque de cire à l'échelle 1 est un portrait du poète-chansonnier à l'âge de quarante-six ans.

Le corbeau voulant imiter l'aigle

L'Oiseau de Jupiter enlevant un Mouton,
Un Corbeau témoin de l'affaire
Et plus faible de reins mais non pas moins glouton,
En voulut sur l'heure autant faire.
Il tourne à l'entour du troupeau,
Marque entre cent Moutons le plus gras, le plus beau,
Un vrai Mouton de sacrifice :
On l'avait réservé pour la bouche des Dieux.
Gaillard Corbeau disait, en le couvant des yeux :
Je ne sais qui fut ta nourrice,
Mais ton corps me paraît en merveilleux état :
Tu me serviras de pâture.
Sur l'animal bêlant, à ces mots, il s'abat.
La moutonnière créature
Pesait plus qu'un fromage ; outre que sa toison
Était d'une épaisseur extrême,
Et mêlée à peu près de la même façon
Que la barbe de Polyphème[1].
Elle empêtra si bien les serres du Corbeau
Que le pauvre Animal ne put faire retraite.
Le Berger vient, le prend, l'encage bien et beau,
Le donne à ses enfants pour servir d'amusette.
Il faut se mesurer ; la conséquence est nette :
Mal prend aux volereaux[2] de faire les voleurs.
L'exemple est un dangereux leurre.
Tous les mangeurs de gens ne sont pas grands Seigneurs :
Où la Guêpe a passé, le Moucheron demeure.

Jean de La Fontaine.
Par Hyacinthe Rigaud.
Vers 1680.

Jean de LA FONTAINE (1621-1695)
Premier recueil des « Fables − Livre II », 1668

L'auteur des *Fables* morales a aussi écrit des *Contes* licencieux.

[1] Mythologie grecque : cyclope à la barbe hirsute qu'a affronté Ulysse.
[2] Petits voleurs.

Le coucher du coq

Muezzin bigarré des minarets de l'heure,
Debout sous la coupole ardente de l'été,
Il a mêlé son hymne aux hymnes de clarté
Que le jour éclatant chante aux vieilles demeures.

Parmi l'aiguail[1] perlant les frondaisons qui pleurent,
Il a dressé l'orgueil de son cimier denté ;
Et ses ergots sanglants épiquement plantés
Sont deux mortels défis aux rivaux qui demeurent.

Ses poules vont franchir le seuil de la chaumière ;
Prêtre du culte ardent et clair de la lumière,
Il songe un temps, muet, d'aurores nostalgiques,

Puis, cambré sur le socle étroit d'un tronc rustique,
Du chant vermeil et pur de son gosier d'airain,
Salue la mort pourprée des étalons divins[2].

Louis PERGAUD (1882-1915)
Recueil « L'Herbe d'avril », 1908

Issu d'une lignée de paysans, fils d'instituteur, instituteur lui-même, Louis Pergaud a vingt-six ans quand il publie ce second recueil de poésies. Deux ans après, il reçoit le prix Goncourt pour son recueil de nouvelles *De Goupil à Margot, histoires de bêtes*. Et encore deux ans plus tard, en 1912, paraît son chef-d'œuvre, le roman qui l'a rendu célèbre : *La Guerre des boutons* — dont Yves Robert a offert, en 1962, une adaptation cinématographique des plus réjouissantes.

[1] La rosée.
[2] Référence au mythe grec du char solaire tiré par des chevaux et éclairant le monde.

Le cygne

Sans bruit, sous le miroir des lacs profonds et calmes,
Le cygne chasse l'onde avec ses larges palmes,
Et glisse. Le duvet de ses flancs est pareil
À des neiges d'avril qui croulent au soleil ;
Mais, ferme et d'un blanc mat, vibrant sous le zéphire,
Sa grande aile l'entraîne ainsi qu'un lent navire.
Il dresse son beau col au-dessus des roseaux,
Le plonge, le promène allongé sur les eaux,
Le courbe, gracieux comme un profil d'acanthe,
Et cache son bec noir dans sa gorge éclatante.
Tantôt le long des pins, séjour d'ombre et de paix,
Il serpente et, laissant les herbages épais
Traîner derrière lui comme une chevelure,
Il va d'une tardive et languissante allure ;
La grotte où le poète écoute ce qu'il sent,
Et la source qui pleure un éternel absent,
Lui plaisent : il y rôde ; une feuille de saule
En silence tombée effleure son épaule ;
Tantôt il pousse au large et, loin du bois obscur,
Superbe, gouvernant du côté de l'azur,
Il choisit, pour fêter sa blancheur qu'il admire,
La place éblouissante où le soleil se mire.

*Cygnes dans les roseaux
à la première aube.*
Par Caspar David Friedrich.
Vers 1832.

Puis, quand les bords de l'eau ne se distinguent plus,
À l'heure où toute forme est un spectre confus,
Où l'horizon brunit, rayé d'un long trait rouge,
Alors que pas un jonc, pas un glaïeul ne bouge,
Que les rainettes font dans l'air serein leur bruit
Et que la luciole au clair de lune luit,
L'oiseau, dans le lac sombre où sous lui se reflète
La splendeur d'une nuit lactée et violette,
Comme un vase d'argent parmi des diamants,
Dort, la tête sous l'aile entre deux firmaments.

*René François Armand **PRUDHOMME**
dit **SULLY PRUDHOMME** (1839-1907)
Recueil « Les Solitudes », 1869*

Voici le premier lauréat du prix Nobel de littérature (élu en 1901). Avec son gain, il fonde un prix pour poètes débutants.

Pourquoi *Sully* ? il aurait expliqué que ce pseudonyme avait été attribué, pour une raison qu'il ignorait, à son père encore enfant, et qu'au décès de ce dernier sa mère le lui avait transmis « pour avoir toujours à le prononcer ».

Sully Prudhomme.
Années 1880.

Le Faisan doré

Quand le Faisan doré courtise sa femelle,
Et fait, pour l'éblouir, la roue, il étincelle
De feux plus chatoyants qu'un oiseau de vitrail.
Dressant sa huppe d'or, hérissant son camail
Couleur d'aube et zébré de rayures d'ébène,
Gonflant son plastron rouge ardent, il se promène,
Chaque aile soulevée, en hautaines allures ;
Son plumage s'emplit de lueurs, les marbrures
De son col vert bronzé, l'ourlet d'or de ses pennes,
L'incarnat de son dos, les splendeurs incertaines
De sa queue où des grains serrés de vermillon
Sont alternés avec des traits noirs sur un fond
De riche, somptueuse et lucide améthyste,
Tout s'allume, tout luit d'un éclat qui dépiste
Les yeux, tant il s'avive et meurt de toutes parts.
C'est un scintillement où d'infinis hasards
Rassemblent des rayons de saphir, de topaze,
En foyers imprévus où leur choc les embrase.
Et, sur ces jeux muants de claires pierreries
S'unissant, se brisant en des joailleries
Que sertissent le bronze et l'acier et l'argent,
Court encore un frisson d'or mobile et changeant,
Qui naît, s'étale, fuit, se rétrécit, tressaille,
Éclate, glisse, meurt, coule, ondule, s'écaille,
S'écarte en lacis d'or, en plaques d'or s'éploie,
Palpite, s'alanguit, se disperse, poudroie,
Et d'un insaisissable et féerique réseau
Enveloppe le corps enflammé de l'oiseau.

Auguste Angellier.

Auguste ANGELLIER (1848-1911)
Recueil « Le Chemin des saisons », 1903

La vie de ce poète fut marquée par une blessure sentimentale : il vécut trente années durant un amour clandestin avec une femme mariée, séparée de son mari mais qui craignait de perdre ses enfants si elle affichait cette liaison.

Le grillon

Un pauvre petit grillon,
Caché dans l'herbe fleurie,
Regardait un papillon
Voltigeant dans la prairie.
L'insecte ailé brillait des plus vives couleurs ;
L'azur, la pourpre et l'or éclataient sur ses ailes ;
Jeune, beau, petit-maître, il court de fleurs en fleurs,
Prenant et quittant les plus belles.
Ah ! disait le grillon, que son sort et le mien
Sont différents ! Dame nature
Pour lui fit tout, et pour moi rien.
Je n'ai point de talent, encor moins de figure ;
Nul ne prend garde à moi, l'on m'ignore ici-bas :
Autant vaudrait n'exister pas.
Comme il parlait, dans la prairie
Arrive une troupe d'enfants :
Aussitôt les voilà courants
Après ce papillon dont ils ont tous envie.
Chapeaux, mouchoirs, bonnets, servent à l'attraper ;
L'insecte vainement cherche à leur échapper,
Il devient bientôt leur conquête.
L'un le saisit par l'aile, un autre par le corps ;
Un troisième survient et le prend par la tête :
Il ne fallait pas tant d'efforts
Pour déchirer la pauvre bête.

Oh ! oh ! dit le grillon, je ne suis plus fâché ;
Il en coûte trop cher pour briller dans le monde.
Combien je vais aimer ma retraite profonde !
Pour vivre heureux, vivons caché !

Jean Pierre CLARIS de FLORIAN (1755-1794)
Recueil « Fables – Livre II », 1792

L'enterrement d'une fourmi

Au bon La Fontaine.

Les fourmis sont en grand émoi :
L'âme du nid, la reine, est morte !
Au bas d'une très vieille porte,
Sous un chêne, va le convoi.

Le vent cingle sur le sol froid
La nombreuse et fragile escorte.
Les fourmis sont en grand émoi :
L'âme du nid, la reine, est morte !

Un tout petit je ne sais quoi
Glisse, tiré par la plus forte :
C'est le corbillard qui transporte
La défunte au caveau du roi.
Les fourmis sont en grand émoi !

Maurice ROLLINAT (1846-1903)
Recueil « Les Névroses – Les Refuges », 1883

Maurice Rollinat.
Par Eugène Alluaud.
1900.

Le papillon

Naître avec le printemps, mourir avec les roses,
Sur l'aile du zéphyr nager dans un ciel pur,
Balancé sur le sein des fleurs à peine écloses
S'enivrer de parfums, de lumière et d'azur,
Secouant, jeune encor, la poudre de ses ailes,
S'envoler comme un souffle aux voûtes éternelles,
Voilà du papillon le destin enchanté.
Il ressemble au désir, qui jamais ne se pose,
Et sans se satisfaire, effleurant toute chose,
Retourne enfin au ciel chercher la volupté.

Lamartine.

Alphonse de LAMARTINE (1790-1869)
Recueil « Nouvelles Méditations poétiques », 1823

Issu d'une famille de la petite noblesse, Alphonse Marie Louis de Prat de Lamartine mène dans sa jeunesse une vie d'aristocrate oisif.

Après quoi il excelle en tant que poète, dramaturge, romancier et historien. En 1829 il est élu, à sa troisième tentative, à l'Académie française, révélant lors de son discours ses talents d'orateur.

Il mène en parallèle une carrière de diplomate et se lance en politique. Ministre des Affaires étrangères du Gouvernement provisoire de 1848, il se présente à l'élection du président de la IIe République ; mais il obtient moins de 0,3 % des voix, battu largement par Louis Napoléon Bonaparte qui remporte la victoire avec un score écrasant de plus de 74 %. Lamartine se réfugie alors en province — où, dix ans plus tard, il rencontrera Jean Aicard encore enfant[1].

En 1820, son premier recueil, *Méditations poétiques* (vingt-quatre poèmes seulement, mais les éditions suivantes seront étoffées) marque le début du romantisme en France, et le hisse au sommet de la gloire littéraire.

---

[1] Cf. *L'Enfant, tout un Poème*, Anny MARTINE-B.

Le petit chat

C'est un petit chat noir, effronté comme un page.
Je le laisse jouer sur ma table, souvent.
Quelquefois il s'assied sans faire de tapage ;
On dirait un joli presse-papier vivant.

Rien de lui, pas un poil de sa toison, ne bouge.
Longtemps, il reste là, noir sur un feuillet blanc,
À ces matous tirant leur langue de drap rouge
Qu'on fait pour essuyer les plumes, ressemblant.

Quand il s'amuse, il est extrêmement comique,
Pataud et gracieux, tel un ourson drôlet.
Souvent je m'accroupis pour suivre sa mimique
Quand on met devant lui la soucoupe de lait.

Tout d'abord de son nez délicat il le flaire,
Le frôle ; puis, à coups de langue très petits,
Il le lampe et dès lors il est à son affaire ;
Et l'on entend, pendant qu'il boit, un clapotis.

Il boit, bougeant la queue et sans faire une pause,
Et ne relève enfin son joli museau plat
Que lorsqu'il a passé sa langue rêche et rose
Partout, bien proprement débarbouillé le plat.

Alors, il se pourlèche un moment les moustaches,
Avec l'air étonné d'avoir déjà fini ;
Et, comme il s'aperçoit qu'il s'est fait quelques taches,
Il relustre avec soin son pelage terni.

Ses yeux jaunes et bleus sont comme deux agates ;
Il les ferme à-demi, parfois, en reniflant,
Se renverse ayant pris son museau dans ses pattes,
Avec des airs de tigre étendu sur le flanc.

Mais le voilà qui sort de cette nonchalance
Et, faisant le gros dos, il a l'air d'un manchon ;
Alors, pour l'intriguer un peu, je lui balance,
Au bout d'une ficelle invisible, un bouchon.

Il fuit en galopant et la mine effrayée,
Puis revient au bouchon, le regarde et d'abord
Tient suspendue en l'air sa patte repliée,
Puis l'abat, et saisit le bouchon, et le mord.

Je tire la ficelle alors sans qu'il le voie ;
Et le bouchon s'éloigne et le chat noir le suit,
Faisant des ronds avec sa patte qu'il envoie,
Puis saute de côté, puis revient, puis refuit.

Mais dès que je lui dis : « Il faut que je travaille ;
Venez vous asseoir là, sans faire le méchant ! »
Il s'assied… Et j'entends, pendant que j'écrivaille,
Le petit bruit mouillé qu'il fait en se léchant.

Edmond ROSTAND (1868-1918)
Recueil « Les Musardises », 1890

Le nom de ce dramaturge et poète est inéluctablement lié à son flamboyant *Cyrano de Bergerac*.

Ses aïeux étaient dans le commerce, son père dans la finance, lui a choisi les Lettres et épousé la poétesse Rosemonde Gérard. Ils ont eu deux fils : Maurice Rostand, écrivain, et Jean Rostand écrivain et biologiste.

Edmond Rostand en tenue d'académicien.
1903.

Le rossignol et la grenouille

Un rossignol contait sa peine
Aux tendres habitants des bois.
La grenouille, envieuse et vaine,
Voulut contrefaire sa voix.

Mes sœurs, écoutez-moi, dit-elle,
C'est moi qui suis le rossignol.
Vous allez voir comme j'excelle
Dans le bécarre et le bémol.

Aussitôt la bête aquatique,
Du fond de son petit thorax
Leur chanta, pour toute musique,
Brre ke ke kex, koax, koax.

Ses compagnes criaient merveilles ;
Et, toujours fière comme Ajax,
Elle cornait à leurs oreilles,
Brre ke ke kex, koax, koax.

Une d'elles, un peu plus sage,
Lui dit : – Votre chant est fort beau ;
Mais montrez-nous votre plumage,
Et volez sur ce jeune ormeau.

– Ma commère, l'eau qui me mouille
M'empêche d'élever mon vol.
– Eh bien ! demeurez donc grenouille,
Et laissez là le rossignol.

Jean Baptiste ROUSSEAU (vers 1670-1741)
Recueil « Les Œuvres choisies du Sr Rousseau », 1716

**Fils d'un maître cordonnier qui l'a fait instruire, il
est le protégé de Nicolas Boileau et l'adversaire de Voltaire.**

Le rossignol et le paon

L'aimable et tendre Philomèle[1],
Voyant commencer les beaux jours,
Racontait à l'écho fidèle
Et ses malheurs et ses amours.
Le plus beau paon du voisinage,
Maître et sultan de ce canton,
Élevant la tête et le ton,
Vint interrompre son ramage :
– C'est bien à toi, chantre ennuyeux,
Avec un si triste plumage,
Et ce long bec, et ces gros yeux,
De vouloir charmer ce bocage !
À la beauté seule il va bien
D'oser célébrer la tendresse !
De quel droit chantes-tu sans cesse ?
Moi, qui suis beau, je ne dis rien.
– Pardon, répondit Philomèle :
Il est vrai, je ne suis pas belle ;
Et si je chante dans ce bois,
Je n'ai de titre que ma voix.
Mais vous, dont la noble arrogance
M'ordonne de parler plus bas,
Vous vous taisez par impuissance,
Et n'avez que vos seuls appas.
Ils doivent éblouir sans doute ;
Est-ce assez pour se faire aimer ?
Allez, puisque amour n'y voit goutte,
C'est l'oreille qu'il faut charmer.

J. P. Claris de Florian.

Jean Pierre CLARIS de FLORIAN (1755-1794)
Recueil « Fables – Livre III », 1792

[1] Référence au mythe grec selon lequel Philomèle, fille du roi d'Athènes,
fut métamorphosée en rossignol.

Les biches

Biches qui rôdez dans le bois,
Calmes, perplexes, attentives,
Et qui, dans l'instant où j'arrive,
Vous dissipez autour de moi

Lentement, mollement, chacune,
En cercle autour de mon regard,
Comme un nuage au ciel du soir
Se défait autour de la lune,

Que j'aime vos airs vaporeux,
Et ces grands flocons de silence
Qui tombent avec nonchalance
De vos pas prudents et peureux !

Douces, et pourtant infidèles,
Vous fuyez en tressant vos pieds,
Avec des regards effrayés,
Comme un oiseau avec ses ailes !

Tendres animaux clandestins
Vêtus de bure, Couventines,
Qui frémissez dans le matin
Comme des cloches en sourdine,

Dans cette suave saison
J'entends bien vos songes qui volent
Lorsque les calmes chemins sont
Pleins de sentiments sans paroles !

Ô rêveuse Communauté
En oraison dans le feuillage,
Immenses papillons d'été,
Corps qui ne semblez qu'un sillage,

Vos yeux sont de dolents soupirs
Dressés sur la brise amollie ;
Mais puisque la mélancolie
N'est que le voile du désir,

En quel lieu, dans quelles ténèbres,
Le crime enivrant du plaisir,
À la fois bachique et funèbre,
Vient-il sur vous s'appesantir ?

Quand glissez-vous, furtives, promptes,
Voraces aussi, vers celui
Dont le cri puissant vous conduit
Par-delà l'espoir et la honte ?

Ô biches, dont le noble ennui
Dans les bleus matins se promène,
Je songe à ces heures des nuits
Où vous avez une âme humaine…

Anna de NOAILLES (1876-1933)
Recueil « Les Forces éternelles », 1920

Anne Élisabeth Bibesco Bassaraba de Brancovan, fille d'un prince roumain exilé et d'une pianiste grecque, et devenue comtesse de Noailles par mariage, évolue tout au long de sa vie dans un milieu privilégié, mondain et cultivé. D'un naturel fantaisiste et volubile, elle écrit une poésie emplie de sensibilité, qui louvoie de l'exaltation à la mélancolie.

Anna de Noailles. 1923.

Les bœufs

J'ai deux grands bœufs dans mon étable,
Deux grands bœufs blancs marqués de roux ;
La charrue est en bois d'érable,
L'aiguillon en branche de houx.
C'est par leur soin qu'on voit la plaine
Verte l'hiver, jaune l'été ;
Ils gagnent dans une semaine
Plus d'argent qu'ils n'en ont coûté.

> S'il me fallait les vendre,
> J'aimerais mieux me pendre ;
> J'aime Jeanne ma femme, eh bien ! j'aimerais mieux
> La voir mourir, que voir mourir mes bœufs.

Les voyez-vous, les belles bêtes,
Creuser profond et tracer droit,
Bravant la pluie et les tempêtes
Qu'il fasse chaud, qu'il fasse froid ?
Lorsque je fais halte pour boire,
Un brouillard sort de leurs naseaux,
Et je vois sur leur corne noire
Se poser les petits oiseaux.

> S'il me fallait les vendre,
> J'aimerais mieux me pendre ;
> J'aime Jeanne ma femme, eh bien ! j'aimerais mieux
> La voir mourir, que voir mourir mes bœufs.

Ils sont forts comme un pressoir d'huile,
Ils sont doux comme des moutons ;
Tous les ans, on vient de la ville
Les marchander dans nos cantons,

Pour les mener aux Tuileries,
Au mardi-gras devant le Roi,
Et puis les vendre aux boucheries ;
Je ne veux pas, ils sont à moi.

S'il me fallait les vendre,
J'aimerais mieux me pendre ;
J'aime Jeanne ma femme, eh bien ! j'aimerais mieux
La voir mourir, que voir mourir mes bœufs.

Quand notre fille sera grande,
Si le fils de notre régent
En mariage la demande,
Je lui promets tout mon argent ;
Mais si pour dot il veut qu'on donne
Les grands bœufs blancs marqués de roux :
Ma fille, laissons la couronne
Et ramenons les bœufs chez nous.

S'il me fallait les vendre,
J'aimerais mieux me pendre ;
J'aime Jeanne ma femme, eh bien ! j'aimerais mieux
La voir mourir, que voir mourir mes bœufs.

Pierre DUPONT (1821-1870)
Recueil « Chants et Chansons », 1851

De ce poète, chansonnier et goguettier, la destinée n'était pas toute tracée : né en province d'un père éperonnier, très tôt orphelin de mère, élevé par son parrain curé qui le fait instruire au petit séminaire, il n'entrera pas dans les ordres et sera successivement apprenti canut, ouvrier dans une filature, garçon de courses, et employé de banque.

Mais c'est dans la poésie qu'il trouve son bonheur. Il publie un peu dans des revues puis part s'installer à Paris.

Là, il rencontre Nerval, Gautier, Baudelaire... et il adresse à Victor Hugo ces quelques vers :

Si tu voyais une anémone,
Languissante et près de périr,
Te demander, comme une aumône,
Une goutte d'eau pour fleurir ;
Si tu voyais une hirondelle,
Un jour d'hiver, te supplier,
À ta vitre battre de l'aile,
Demander place à ton foyer ;
L'hirondelle aurait sa retraite,
L'anémone sa goutte d'eau.
Pour toi, que ne suis-je, ô poète !
Ou l'humble fleur, ou l'humble oiseau !

En 1846, après avoir composé d'un jet le texte *Les bœufs* et l'avoir fait mettre en musique par son ami Charles Gounod, il accède à la notoriété. A-t-il été épaulé par Victor Hugo ? On peut le croire, puisqu'il lui offre son premier recueil de chansons, accompagné de cette dédicace :

Sous ton regard, douce rosée,
Depuis, l'anémone a fleuri :
L'hirondelle a vu ta croisée
Ouvrir à son aile un abri.

Ton foyer est plein d'étincelles,
Ta vitre pleine de lueurs,
L'hirondelle y chauffe ses ailes,
L'anémone y dora ses fleurs.

En échange de cette aumône
Reçois, à chaque renouveau,
Toutes les fleurs de l'anémone,
Toutes les chansons de l'oiseau.

Pierre Dupont.
Par Étienne Carjat.

Les bœufs à l'abreuvoir

Dès l'aube, sous l'œil clos de l'abat-foin des granges,
Vautrés sur le fumier qui colle leurs poils roux,
Ils regardent béats se reposer les jougs,
Près des croisées où le linceul de gel s'effrange.

Le vieux bouvier remplit de foin les râteliers
Et sur les noirs pavés que l'urine corrode,
Le bruit de ses sabots trouble la torpeur chaude
Où les bœufs font craquer leurs grands muscles d'acier.

Foulant le rire épais des bouses étalées,
Les croupes frémissant lorsque le fouet les touche,
Ils s'en vont en ruant vers l'auge accoutumée,

Et saouls des énergies qui font leurs reins vibrants,
Les mufles allongés dans un appel farouche,
Meuglent éperdument vers l'horizon de sang.

Louis PERGAUD (1882-1915)
Recueil « L'Herbe d'avril », 1908

Louis Pergaud.

Les chats

Les amoureux fervents et les savants austères
Aiment également, en leur mûre saison,
Les chats puissants et doux, orgueil de la maison,
Qui comme eux sont frileux et comme eux sédentaires.

Amis de la science et de la volupté,
Ils cherchent le silence et l'horreur des ténèbres ;
L'Érèbe[1] les eût pris pour ses coursiers funèbres,
S'ils pouvaient au servage incliner leur fierté.

Ils prennent en songeant les nobles attitudes
Des grands sphinx allongés au fond des solitudes,
Qui semblent s'endormir dans un rêve sans fin.

Leurs reins féconds sont pleins d'étincelles magiques,
Et des parcelles d'or, ainsi qu'un sable fin,
Étoilent vaguement leurs prunelles mystiques.

Charles BAUDELAIRE (1821-1867)
Recueil « Les Fleurs du mal », 1857

Mosaïque romaine.

[1] Mythologie grecque : divinité du royaume des morts.

Les cochons roses

Le jour s'annonce à l'Orient,
De pourpre se coloriant ;
Le doigt du matin souriant
Ouvre les roses ;
Et sous la garde d'un gamin
Qui tient une gaule à la main,
On voit passer sur le chemin
Les cochons roses.

Le rose rare au ton charmant
Qu'à l'horizon, en ce moment,
Là-bas, au bord du firmament
On voit s'étendre,
Ne réjouit pas tant les yeux,
N'est pas si frais et si joyeux
Que celui des cochons soyeux
D'un rose tendre !

Le zéphyr, ce doux maraudeur,
Porte plus d'un parfum rôdeur,
Et, dans la matinale odeur
Des églantines,
Les petits cochons transportés
Ont d'exquises vivacités
Et d'insouciantes gaietés
Presque enfantines ;

Heureux, poussant de petits cris,
Ils vont par les sentiers fleuris
Et ce sont des jeux et des ris
Remplis de grâces ;
Ils vont, et tous ces corps charnus
Sont si roses qu'ils semblent nus
Comme ceux d'amours ingénus
Aux formes grasses.

Des points noirs dans ce rose clair
Semblant des truffes dans leur chair,
Leur donnent vaguement un air
De galantine ;
Et leur petit trottinement,
À cette graisse, incessamment,
Communique un tremblotement
De gélatine.

Le long du ruisseau floflottant,
Ils suivent tout en ronflotant
La blouse au large dos flottant
De toile bleue ;
Ils trottent, les petits cochons,
Les gorets gras et folichons,
Remuant les tire-bouchons
Que fait leur queue !

Puis quand les champs sans papillons
Exhaleront de leurs sillons
Les plaintes douces des grillons
Toujours pareilles,
Les cochons rentrant au bercail
Défileront sous le portail
Agitant le double éventail
De leurs oreilles ;

Et quand là-bas, à l'Occident,
Croulera le soleil ardent,
À l'heure où le soir descendant
Ferme les roses,
Paisiblement couchés en rond,
Près de l'auge couleur marron,
Bien repus ils s'endormiront,
Les cochons roses !

Edmond ROSTAND (1868-1918)
Recueil « Les Musardises », 1890

Ce recueil est le premier du jeune homme de vingt-deux ans, édité à compte d'auteur, et très favorablement accueilli par la critique et le public — à son grand soulagement car c'est contre l'avis de ses parents qu'il a abandonné ses études de droit pour se lancer en littérature.

Deux Cochons dans une porcherie.
Par Paulus Potter.
1649.

Les colombes

Deux belles s'étaient baisées… Le poète-berger, témoin jaloux
de leurs caresses, chante ainsi :

Que les deux beaux oiseaux, les colombes fidèles,
Se baisent. Pour s'aimer les dieux les firent belles.
Sous leur tête mobile, un cou blanc, délicat,
Se plie, et de la neige effacerait l'éclat.
Leur voix est pure et tendre, et leur âme innocente,
Leurs yeux doux et sereins, leur bouche caressante.
L'une a dit à sa sœur : « Ma sœur, ...

En un tel lieu, croissent l'orge et le millet…

L'autour et l'oiseleur, ennemis de nos jours,
De ce réduit, peut-être, ignorent les détours ;
Viens…

Je te choisirai moi-même les graines que tu aimes, et mon bec
s'entrelacera dans le tien. »

. . . .

L'autre a dit à sa sœur : « Ma sœur, une fontaine
Coule dans ce bosquet. . . . .

L'oie ni le canard n'en ont jamais souillé les eaux, ni leurs cris… Viens :
nous y trouverons une boisson pure, et nous y baignerons notre tête et
nos ailes, et mon bec ira polir ton plumage. » — Elles vont, elles se
promènent en roucoulant au bord de l'eau ; elles boivent, se baignent,
mangent ; puis, sur un rameau, leurs becs s'entrelacent ; elles se polissent
leur plumage l'une à l'autre.

André Chénier.

Le voyageur, passant en ces fraîches campagnes,
Dit : « Ô ! les beaux oiseaux ! Ô ! les belles compagnes ! »

Il s'arrêta longtemps à contempler leurs jeux ;
Puis, reprenant sa route et les suivant des yeux,
Dit : « Baisez, baisez-vous, colombes innocentes !
Vos cœurs sont doux et purs, et vos voix caressantes ;
Sous votre aimable tête, un cou blanc, délicat,
Se plie, et de la neige effacerait l'éclat. »

André CHÉNIER (1762-1794)
Recueil posthume « Les Bucoliques », 1819
[augmenté de ce fragment d'idylle depuis l'édition de 1833]

André Chénier est un amoureux de l'antique, dont il s'inspire, et de la nature, qu'il célèbre.

Jeune Fille
à la colombe.
Par Jean Baptiste Greuze.

Les cygnes

Sous des massifs touffus, au fond désert du parc,
La colonnade antique arrondissant son arc
Dans une eau sombre encore à moitié se profile ;
Et la fleur que le pampre ou que le lierre exile
Parfois brille furtive aux creux des chapiteaux.
L'eau sommeille ; une mousse y fait de sourds cristaux.
À peine un coin du ciel en éclaircit la moire,
De sa lueur mourante où survit la mémoire
Des regards clairs tournés vers des cieux éclatants.
L'eau profonde ressemble à nos yeux, ces étangs
Où chaque siècle ajoute, avec d'obscurs mirages,
Au poids de sa lourdeur l'ombre de ses ombrages.
Elle dort, enfermant près du pur souvenir
Le pan du bleu manteau qu'elle veut retenir ;
Mais sur le ténébreux miroir qui les encadre
Des cygnes familiers, éblouissante escadre,
Suivent le long des bords un gracieux circuit,
Et glissent lentement, en bel ordre et sans bruit,
Nobles vaisseaux croisant devant un propylée,
Comme un reste orgueilleux de gloire immaculée.

Léon Dierx.

Léon DIERX (1838-1912)
Recueil « Poèmes et Poésies », 1864

Léon Dierx, poète parnassien, sculpteur et peintre, est élu par ses pairs « prince des poètes » à la mort de Stéphane Mallarmé qui détenait le titre (titre attribué de même à Ronsard, Leconte de Lisle, Verlaine, Supervielle, Cocteau… et Léopold Sédar Senghor auquel a succédé Jean Ristat, détenteur actuel depuis 2013).

Les éléphants

Le sable rouge est comme une mer sans limite,
Et qui flambe, muette, affaissée en son lit.
Une ondulation immobile remplit
L'horizon aux vapeurs de cuivre où l'homme habite.

Nulle vie et nul bruit. Tous les lions repus
Dorment au fond de l'antre éloigné de cent lieues,
Et la girafe boit dans les fontaines bleues,
Là-bas, sous les dattiers des panthères connus.

Pas un oiseau ne passe en fouettant de son aile
L'air épais, où circule un immense soleil.
Parfois quelque boa, chauffé dans son sommeil,
Fait onduler son dos où l'écaille étincelle.

Tel l'espace enflammé brûle sous les cieux clairs.
Mais, tandis que tout dort aux mornes solitudes,
Les éléphants rugueux, voyageurs lents et rudes,
Vont au pays natal à travers les déserts.

D'un point de l'horizon, comme des masses brunes,
Ils viennent, soulevant la poussière, et l'on voit,
Pour ne point dévier du chemin le plus droit,
Sous leur pied large et sûr crouler au loin les dunes.

Celui qui tient la tête est un vieux chef[1]. Son corps
Est gercé comme un tronc que le temps ronge et mine ;
Sa tête est comme un roc et l'arc de son échine
Se voûte puissamment à ses moindres efforts.

[1] Ah non ! c'est toujours une vieille femelle qui dirige une troupe d'éléphants, pas un mâle !

Sans ralentir jamais et sans hâter sa marche,
Il guide au but certain ses compagnons poudreux
Et, creusant par derrière un sillon sablonneux,
Les pèlerins massifs suivent leur patriarche.

L'oreille en éventail, la trompe entre les dents,
Ils cheminent, l'œil clos. Leur ventre bat et fume,
Et leur sueur dans l'air embrasé monte en brume ;
Et bourdonnent autour mille insectes ardents.

Mais qu'importent la soif et la mouche vorace,
Et le soleil cuisant leur dos noir et plissé ?
Ils rêvent en marchant du pays délaissé,
Des forêts de figuiers où s'abrita leur race.

Ils reverront le fleuve échappé des grands monts,
Où nage en mugissant l'hippopotame énorme,
Où, blanchis par la lune et projetant leur forme,
Ils descendaient pour boire en écrasant les joncs.

Aussi, pleins de courage et de lenteur, ils passent
Comme une ligne noire, au sable illimité ;
Et le désert reprend son immobilité
Quand les lourds voyageurs à l'horizon s'effacent.

LECONTE de LISLE (1818-1894)
Recueil « Poèmes barbares », 1862

Ce poète est l'un des initiateurs d'une nouvelle école de poésie : le Parnasse, qui veut en finir avec les excès de lyrisme du romantisme.

Dierx, Gautier, Coppée, Banville, Sully Prudhomme, Baudelaire, Verlaine, Mallarmé, Heredia, Mendès... sont des parnassiens essentiels.

Les oies sauvages

Tout est muet, l'oiseau ne jette plus ses cris.
La morne plaine est blanche au loin sous le ciel gris.
Seuls, les grands corbeaux noirs, qui vont cherchant leurs proies,
Fouillent du bec la neige et tachent sa pâleur.
Voilà qu'à l'horizon s'élève une clameur ;
Elle approche, elle vient, c'est la tribu des oies.
Ainsi qu'un trait lancé, toutes, le cou tendu,
Allant toujours plus vite en leur vol éperdu,
Passent, fouettant le vent de leur aile sifflante.
Le guide qui conduit ces pèlerins des airs
Delà les océans, les bois et les déserts,
Comme pour exciter leur allure trop lente,
De moment en moment jette son cri perçant.
Comme un double ruban la caravane ondoie,
Bruit étrangement, et par le ciel déploie
Son grand triangle ailé qui va s'élargissant.

Dans l'azur bleu. Par Arkady Rylov. 1918.

Mais leurs frères captifs répandus dans la plaine,
Engourdis par le froid, cheminent gravement.
Un enfant en haillons en sifflant les promène,
Comme de lourds vaisseaux balancés lentement.
Ils entendent le cri de la tribu qui passe,
Ils érigent leur tête ; et, regardant s'enfuir
Les libres voyageurs au travers de l'espace,
Les captifs tout à coup se lèvent pour partir.
Ils agitent en vain leurs ailes impuissantes,
Et, dressés sur leurs pieds, sentent confusément,
À cet appel errant se lever, grandissantes,
La liberté première au fond du cœur dormant,
La fièvre de l'espace et des tièdes rivages.
Dans les champs pleins de neige ils courent effarés,
Et, jetant par le ciel des cris désespérés,
Ils répondent longtemps à leurs frères sauvages.

Guy de MAUPASSANT (1850-1893)
Recueil « Des vers », 1880

Henry René Albert Guy de Maupassant, plus connu pour sa prose (romans et nouvelles) que pour sa poésie, est le fils de Gustave Maupassant, un roturier agent de change en quête de reconnaissance qui avait demandé, et obtenu du tribunal civil, le droit à la particule.

Guy de Maupassant.
Par Nadar.

Le sommeil du condor

Par-delà l'escalier des roides Cordillières,
Par-delà les brouillards hantés des aigles noirs,
Plus haut que les sommets creusés en entonnoirs
Où bout le flux sanglant des laves familières,
L'envergure pendante et rouge par endroits,
Le vaste Oiseau, tout plein d'une morne indolence,
Regarde l'Amérique et l'espace en silence,
Et le sombre soleil qui meurt dans ses yeux froids.
La nuit roule de l'Est, où les pampas sauvages
Sous les monts étagés s'élargissent sans fin ;
Elle endort le Chili, les villes, les rivages,
Et la mer Pacifique et l'horizon divin ;
Du continent muet elle s'est emparée :
Des sables aux coteaux, des gorges aux versants,
De cime en cime elle enfle en tourbillons croissants
Le lourd débordement de sa haute marée.
Lui, comme un spectre, seul, au front du pic altier,
Baigné d'une lueur qui saigne sur la neige,
Il attend cette mer sinistre qui l'assiège :
Elle arrive, déferle et le couvre en entier.
Dans l'abîme sans fond la Croix australe allume
Sur les côtes du ciel son phare constellé.
Il râle de plaisir, il agite sa plume,
Il érige son cou musculeux et pelé,
Il s'enlève en fouettant l'âpre neige des Andes,
Dans un cri rauque il monte où n'atteint pas le vent,
Et, loin du globe noir, loin de l'astre vivant,
Il dort dans l'air glacé, les ailes toutes grandes.

LECONTE de LISLE (1818-1894)
Recueil « Poèmes barbares », 1862

Les papillons

I
De toutes les belles choses
Qui nous manquent en hiver,
Qu'aimez-vous mieux ? – Moi, les roses ;
– Moi, l'aspect d'un beau pré vert ;
– Moi, la moisson blondissante,
Chevelure des sillons ;
– Moi, le rossignol qui chante ;
– Et moi, les beaux papillons !

Le papillon, fleur sans tige,
Qui voltige,
Que l'on cueille en un réseau ;
Dans la nature infinie,
Harmonie
Entre la plante et l'oiseau !...

Quand revient l'été superbe,
Je m'en vais au bois tout seul :
Je m'étends dans la grande herbe,
Perdu dans ce vert linceul.
Sur ma tête renversée,
Là, chacun d'eux à son tour,
Passe comme une pensée
De poésie ou d'amour !

Voici le papillon faune,
Noir et jaune ;
Voici le mars azuré,
Agitant des étincelles
Sur ses ailes
D'un velours riche et moiré.

Voici le vulcain rapide,
Qui vole comme un oiseau :
Son aile noire et splendide
Porte un grand ruban ponceau.

Roses trémières et papillons.
Par Dai Jin
(peintre chinois)
Début XVe siècle.

[En haut du tableau,
quatre poèmes]

Dieux ! le soufré, dans l'espace,
Comme un éclair a relui…
Mais le joyeux nacré passe,
Et je ne vois plus que lui !

II
Comme un éventail de soie,
Il déploie
Son manteau semé d'argent ;
Et sa robe bigarrée
Est dorée
D'un or verdâtre et changeant.

Voici le machaon-zèbre,
De fauve et de noir rayé ;
Le deuil, en habit funèbre,
Et le miroir bleu strié ;
Voici l'argus, feuille-morte,
Le morio, le grand-bleu,
Et le paon-de-jour qui porte
Sur chaque aile un œil de feu !

Mais le soir brunit nos plaines ;
Les phalènes
Prennent leur essor bruyant,
Et les sphinx aux couleurs sombres,
Dans les ombres
Voltigent en tournoyant.

Nature morte de fleurs. [Détail] Par Ambrosius Bosschaert l'Ancien. 1614.

C'est le grand paon à l'œil rose
Dessiné sur un fond gris
Qui ne vole qu'à nuit close,
Comme les chauves-souris ;
Le bombice du troène,
Rayé de jaune et de vert,
Et le papillon du chêne
Qui ne meurt pas en hiver !…

Voici le sphinx à la tête
De squelette,
Peinte en blanc sur un fond noir,
Que le villageois redoute,
Sur sa route,
De voir voltiger le soir.

Je hais aussi les phalènes,
Sombres hôtes de la nuit,
Qui voltigent dans nos plaines
De sept heures à minuit ;
Mais vous, papillons que j'aime,
Légers papillons de jour,
Tout en vous est un emblème
De poésie et d'amour !

III
Malheur, papillons que j'aime,
Doux emblème,
À vous pour votre beauté !…
Un doigt, de votre corsage,
Au passage,
Froisse, hélas ! le velouté !…

Papillon et rose sauvage.
[Détail]
Par Shibata Zeshin
(peintre japonais).
1885.

Une toute jeune fille
Au cœur tendre, au doux souris,
Perçant vos cœurs d'une aiguille,
Vous contemple, l'œil surpris :
Et vos pattes sont coupées
Par l'ongle blanc qui les mord,
Et vos antennes crispées
Dans les douleurs de la mort !…

Gérard de NERVAL (1808-1855)
Recueil « Petits Châteaux de Bohême −
Odelettes rythmiques et lyriques », 1853

Auteur de poésie, contes, romans, théâtre… Nerval, homme à l'esprit torturé et victime d'hallucinations, est l'un des grands romantiques français.

Gérard de Nerval.
Par Félix Vallotton.
1900.

À la Parisienne.
Gravure de mode
hiver 1913-1914.

Les papillons

En mai, quand les brises roucoulent,
Quand fleurissent toutes les fleurs,
Les papillons sont grands buveurs :
Les petits papillons se soûlent.

Souvent, au crépuscule gris,
À l'heure où le couchant se dore,
On en voit balocher encore :
C'est tout simplement qu'ils sont gris.

Le regard les suit et s'étonne
De les voir, dans le jour tombant,
S'en aller d'un vol titubant,
D'un vol qui zigzague et festonne.

Les pauvrets se sont attardés
À boire dans toutes les roses ;
Pour chasser les ennuis moroses
Ils se sont un peu pochardés.

Au sortir de leur chrysalide
Faisant dehors leurs premiers pas,
Pour les parfums n'avaient-ils pas
Encor la tête assez solide ?

Avaient-ils des chagrins d'amour,
Ces papillons ? Voulaient-ils boire
Pour se consoler d'un déboire ?
Mon Dieu, ça se voit chaque jour !

Ou par des amis en goguette
Se laissèrent-il emmener
De fleur en fleur biberonner,
Comme de guinguette en guinguette ?

Eux, les élégants papillons,
Si corrects près des marguerites,
Ils sont, en regagnant leurs gîtes,
Dépoudrés de leurs vermillons !

Et, gris à rouler sous les roses,
Lorsqu'il leur faut rentrer chez eux,
Ils s'en reviennent deux par deux...
Et voilà qu'ils disent des choses !...

Ils se détaillent leurs amours,
Se vantent de leurs prétentaines,
Mettent de travers leurs antennes,
S'attendrissent, font des discours ;

Eux, les doux frôleurs de corolles,
Les petits Platons de l'air pur,
Amis des lys et de l'azur,
Ils racontent des gaudrioles !

Quand les nectars et les rayons
Ont troublé leur âme sensible,
Il n'y a rien de plus terrible
Que l'ivresse des papillons !

Dons Juans récitant leurs listes,
Ils révèlent soudain aux fleurs
Quelles âmes d'écornifleurs
Ils cachaient, ces idéalistes !

Battant des ailes de pastel,
Chacun, avant la nuit, aspire
Un dernier lys avec sa spire,
Ainsi que l'on hume un cocktail !

Les roses ayant une essence
Qui grise mieux que le trois-six,
Ce qu'au buisson dit le Tircis
Est de la plus rare indécence.

Les Machaons sont déchaînés,
Et les hautaines Atalantes
Ne fuient qu'avec des ailes lentes
Qui semblent leur dire : « Venez ! ».

Le Mars, gai comme un soir de solde,
Dit au Tabac d'Espagne : « Ohé » ! ».
Le Daphnis change de Chloé.
Le Tristan se trompe d'Ysolde.

À demain matin les pardons !
Il faudra qu'on s'y reconnaisse.
Mais, ce soir, plus d'une Vanesse
Pour les phlox trahit les chardons.

Un obscur papillon d'avoine
Tutoie un lilas de jardin.
Le papillon du chou, soudain,
Appelle « mon chou ! » la pivoine.

Le désordre règne. Il n'y a
Plus de lois ni de protocoles.
L'Argus parle argot. « Tu me colles ! »
Dit l'Argynne au pétunia.

Le Demi-Deuil n'est plus sévère.
Et : « Ma primevère n'est pas
Grande », dit le Sylvain tout bas,
« Mais je bois dans ma primevère ! ».

Edmond ROSTAND (1868-1918)
Recueil « Les Musardises », 1890

Les souvenirs

Il siège au coin du feu, les paupières mi-closes,
Aspirant la chaleur du brasier qui s'éteint ;
La bouilloire bouillonne avec des bruits d'étain ;
Le bois flambe, noircit, s'effile en charbons roses.

Le royal exilé prend de sublimes poses ;
Il allonge son nez sur ses pieds de satin ;
Il s'endort, il échappe au stupide destin,
À l'irrémédiable écroulement des choses.

Les siècles en son cœur ont épaissi leur nuit,
Mais au fond de son œil, inextinguible, luit
Comme un flambeau sacré, son rêve héréditaire,

Un soir d'or, le déclin empourpré du soleil,
Des fûts noirs de palmiers sur l'horizon vermeil,
Un grand fleuve qui roule entre deux murs de terre.

Hippolyte TAINE (1828-1893)
Recueil « À trois chats, douze sonnets », 1883

Philosophe, essayiste, libre penseur, historien, historien d'art, critique d'art, critique littéraire, psychologue… Hippolyte Taine dévoile une facette légère de sa personnalité dans ce recueil dont le titre complet est : *À trois chats, Puss, Ébène et Mitonne, domiciliés à Menthon-Saint-Bernard (Haute-Savoie) ces douze sonnets sont dédiés par leur ami, maître et serviteur : H. Taine.*

Hippolyte Taine.
Par Léon Bonnat.

Les trois oiseaux

J'ai dit au ramier : « Pars ! et va quand même,
Au-delà des champs d'avoine et de foin,
Me chercher la fleur qui fera qu'on m'aime. »
Le ramier m'a dit : « C'est trop loin ! »

Et j'ai dit à l'aigle : « Aide-moi, j'y compte,
Et, si c'est le feu du ciel qu'il me faut,
Pour l'aller ravir prends ton vol et monte. »
Et l'aigle m'a dit : « C'est trop haut ! »

Et j'ai dit enfin au vautour : « Dévore
Ce cœur trop plein d'elle et prends-en ta part.
Laisse ce qui peut être intact encore. »
Le vautour m'a dit : « C'est trop tard ! »

François COPPÉE (1842-1908)
Recueil « L'Exilée », 1877

Coppée est un virtuose de la poésie intimiste et senti-mentale.

François Coppée.
Par Paul Chabas.
1895.

Le ver luisant de nuit

Jamais ne se puisse lasser
Ma Muse de chanter la gloire
D'un Ver petit, dont la mémoire
Jamais ne se puisse effacer :
D'un Ver petit, d'un Ver luisant,
D'un Ver sous la noire carrière
Du ciel, qui rend une lumière
De son feu le ciel méprisant.

Une lumière qui reluit
Au soir, sur l'herbe rosoyante,
Comme la tresse rayonnante
De la courrière de la nuit.
D'un Ver tapi sous les buissons,
Qui au laboureur prophétise
Qu'il faut que, pour faucher, aiguise
Sa faux et fasse les moissons.

Gentil prophète et bien appris,
Appris de Dieu qui te fait naître
Non pour néant, mais pour accroître[1]
Sa grandeur dedans nos esprits !

Et pour montrer au laboureur
Qu'il a son ciel dessus la terre,
Sans que son œil vaguement erre
En haut pour apprendre le heur[2]
Ou de la tête du Taureau
Ou du Cancre ou du Capricorne,
Ou du Bélier qui de sa corne
Donne ouverture au temps nouveau.

[1] Les mots *naître* et *accroître* rimaient jadis car les sons [è] et [oi] étaient identiques, leur prononciation s'approchant de notre « ouais ».
[2] L'avenir (qu'il lit d'ordinaire dans les astres).

Vraiment tu te dois bien vanter
Être seul ayant la poitrine
Pleine d'une humeur cristalline
Qui te fait voir, et souhaiter
Des petits enfants seulement,
Ou pour te montrer à leur père,
Ou te pendre au sein de leur mère
Pour lustre, comme un diamant.

Vis donc, et que le pas divers[3]
Du pied passager ne t'offense[4],
Et pour ta plus sûre défense
Choisis le fort des buissons verts.

Rémy BELLEAU (1528-1577)
Recueil « Petites Inventions », 1557

Traduction d'une ode de Henri Estienne.

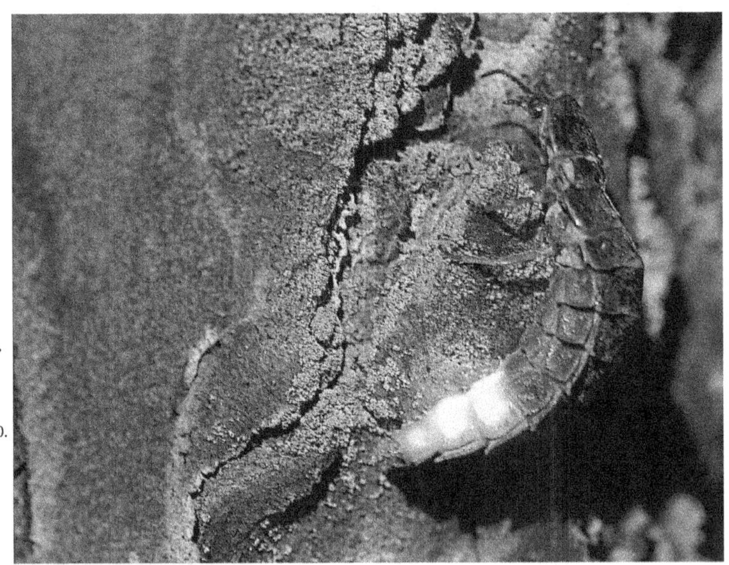

Lampyre.

Crédit :
Kadri Niinsalu.
Licence CC BY-SA 3.0.

[3] Distrait (si nous n'utilisons plus l'adjectif dans cette acception, il nous reste le nom de la même famille, *diversion* : détournement de l'attention).
[4] Te blesse.

Le villageois et l'âne

Un jour un villageois, sur son âne affourché[1],
Trouva par un ruisseau son passage bouché.
Tandis que pour le prendre un batelier s'apprête,
Il approche du bord, saute en bas de sa bête,
S'embarque le premier, et sur le pont tremblant
Tire par son licou l'animal nonchalant.
Le grison, qui des flots redoute le caprice,
Tire de son côté, fait le pas d'écrevisse ;
Et, du maître essoufflé déconcertant l'effort,
Lutteur victorieux, demeure sur le bord.
Enfin, tout épuisé d'haleine et de courage,
L'homme change d'avis, descend sur le rivage,
Prend l'âne par la queue, et tire de son mieux.
L'animal aussitôt s'échappe, furieux,
Et, du bras qui le tient forçant la violence,
D'un saut précipité dans le bateau s'élance.

Jean Baptiste ROUSSEAU (vers 1670-1741)
Texte figurant dans la préface de sa comédie en vers
« Le Capricieux », début XVIII siècle.*

Auteur non apparenté au philosophe Jean Jacques Rousseau.

Jean Baptiste Rousseau.
Par Nicolas de Largillierre.
1710.

[1] Installé à califourchon.

L'hippopotame

L'hippopotame au large ventre
Habite aux Jungles de Java,
Où grondent au fond de chaque antre
Plus de monstres qu'on n'en rêva.

Le boa se déroule et siffle,
Le tigre fait son hurlement,
Le buffle en colère renifle ;
Lui, dort ou paît tranquillement.

Il ne craint ni kriss[1] ni zagaies[2],
Il regarde l'homme sans fuir,
Et rit des balles des cipayes[3]
Qui rebondissent sur son cuir.

Je suis comme l'hippopotame :
De ma conviction couvert,
Forte armure que rien n'entame,
Je vais sans peur par le désert.

Théophile GAUTIER (1811-1872)
Recueil « La Comédie de la mort », 1838

Gautier, parnassien, est un tenant de « l'art pour l'art », et veut qu'aucune utilité ne soit demandée à l'art : « Tout ce qui est utile est laid, car c'est l'expression de quelque besoin ».

Théophile Gautier.
Par Nadar.
1856.

[1] Poignard de Malaisie (dont la lame est souvent ondulée).
[2] Sagaies.
[3] Soldats indiens.

L'hiver du rossignol

Sur les toits la grêle crépite.
Il neige, il pleut, en même temps :
Premières larmes du printemps,
Derniers pleurs de l'hiver en fuite.
Parmi les longs cris qu'en son vol
La première corneille jette,
J'entends une note inquiète ;
Est-ce la voix du rossignol ?
D'où vient cette roulade ailée
Dont la bise coupe le fil ?
Ce doux chanteur, pourquoi vient-il
Affronter cette giboulée ?
Est-ce le trémulant sifflet,
Le fifre aigu de la linotte ?
Est-ce la double ou triple note
Du bouvreuil ou du roitelet ?
Il neige, il pleut, il grêle, il vente.

Mais soudain, voici le soleil,
Le soleil d'un temps sans pareil.
Chante, oh ! chante, rossignol, chante !
Il neige, il vente, il grêle, il pleut.
Chante ! c'est l'air que rossignole
Ton cœur, ton joli cœur qui vole,
Qui d'un ciel gris fait un ciel bleu.
Que ta musique, en fines perles,
Change ce brouillard éclatant !

Ah ! Pourrait-il en faire autant
Le trille aigu de tous les merles ?
Il pleut, il neige, c'est en vain
Que le merle siffle à tue-tête.
Pour que tout l'azur soit en fête,
Chante, chante, chanteur divin !

Chante sur la plus haute branche,
Comme l'oiseau de la chanson.
Chante sous le dernier frisson
De la dernière neige blanche.
À pleine gorge, fais vibrer,
Rossignoler, ta fine lyre,
Ô toi dont le cœur est à rire,
Pour les cœurs qui sont à pleurer.

Nérée BEAUCHEMIN (1850-1931)
Recueil « Patrie intime », 1928

Ce Canadien, médecin de campagne par vocation et poète par passion de son terroir, est âgé de vingt-et-un ans quand des journaux et revues commencent à publier ses vers, de quarante-sept ans quand il édite son premier recueil, *Les Floraisons matutinales*, et de soixante-dix-huit ans à la parution de son second recueil, *Patrie intime*.

Paysage d'hiver avec patineurs et trappe aux oiseaux.
Par Pieter Brueghel l'Ancien. 1565.

Ma chienne

Ma chienne, la Chougna, n'est pas, certe, une bête !
Nous rentrons. Sous mes mains fourrant sa grosse tête,
Elle sent un sermon venir et se tient coi.
Je la prends par l'oreille, et je lui dis : – Pourquoi
Te comportes-tu mal, Chougna, devant le monde ?
Pourquoi, quand nous sortons, — il faut que je te gronde ! —
Cours-tu, jappant, hurlant, à travers les buissons,
Après les jeunes chiens et les petits garçons ?
Pourquoi ne vois-tu pas un coq sans le poursuivre ?
Si bien que, moi, j'ai l'air d'avoir une chienne ivre !
Cela nous fait mal voir, les gens sont irrités.
Je te connais beaucoup de bonnes qualités :
Fidèle, réservée, intelligente, affable ;
Mais vraiment, quand tu sors, tu n'es pas raisonnable !

Victor HUGO (1802-1885)
Recueil « Pendant l'exil », 1875

« Je suis là, j'ai deux chaises dans ma chambre, un lit de bois, un tas de papiers sur ma table, l'éternel frisson du vent dans ma vitre, et quatre fleurs dans mon jardin que vient becqueter la poule de Catherine[1], pendant que Chougna, ma chienne, fouille l'herbe et cherche des taupes. Je vis, je suis, je contemple. »

Victor Hugo
Recueil posthume de notes
« Choses vues », 1887

Tick-Tack.
Par Briton Rivière.
1881.

[1] Une servante.

Mauvaises langues

Un pigeon aime une pigeonne !
Grand scandale dans le hallier
Que tous les ans mai badigeonne.
Une ramière aime un ramier !

Leur histoire emplit les charmilles.
Par les leurs ils sont compromis.
Cela se voit dans les familles
Qu'on est entouré d'ennemis.

Espionnage et commérage.
Rien ne donne plus d'âcreté,
De haine, de vertu, de rage
Et de fiel, qu'un bonheur guetté.

Que de fureur sur cette églogue !
L'essaim volant aux mille voix
Parle et mêle à son dialogue
Toutes les épines des bois.

L'ara blanc, la mésange bleue,
Jettent des *car*, des *si*, des *mais*,
Où les gestes du hoche-queue
Semblent semer des guillemets.

– J'en sais long sur la paresseuse !
Dit un corbeau, juge à mortier[1].
– Moi, je connais sa blanchisseuse.
– Et moi, je connais son portier.

– Certe[2] elle n'est point sauvagesse.
– Est-on sûr qu'ils sont mariés ?
– Voilà, pour le prix de sagesse,
Deux pigeons bien avariés.

[1] Sous l'ancien régime, le plus haut magistrat ; le *mortier* est son couvre-chef.

Le geai dit : – Leurs baisers blasphèment !
Le pinson chante : – Ça ira.
La linotte fredonne : – Ils s'aiment.
La pie ajoute : – Et cætera.

On lit que vers elle il se glisse
Le soir, avec des petits cris,
Dans le rapport à la police
Fait par une chauve-souris.

Le peuple ailé s'indigne, tance,
Fulmine un verdict, lance un bill.
Tel est le monde. Une sentence,
Redoutable, sort du babil.

Cachez-vous, Rosa[3], fuyez vite
Loin du bavardage acharné.
L'amourette qu'on ébruite
Est un rosier déraciné.

Tout ce conte, ô belle ineffable,
Doit par vous être médité.
Prenez garde, c'est une fable,
C'est-à-dire une vérité.

> *Victor HUGO (1802-1885)*
> *Recueil posthume « Toute la Lyre – Corde VII », 1888*

Ce recueil est un projet de Victor Hugo, qui en avait aussi choisi le titre. Mais il a été finalisé après sa mort, en 1888 et 1893, puis remanié en 1897.

Il est constitué de poèmes inédits ordonnés en sept « cordes », plus une « corde d'airain », chapitre consacré aux sentiments les plus cuisants (passion, colère...).

---

[2] Cf. note 1 page 48.
[3] Évocation de Rosita Rosa, Brésilienne, l'une des maîtresses de Hugo.

Rêve d'oiseau

Sous les fleurs d'églantier nouvellement écloses,
Près d'un nid embaumé dans le parfum des roses,

Quand la forêt dormait immobile et sans bruit,
Le rossignol avait chanté toute la nuit.

Quand les bois s'éclairaient au réveil de l'aurore,
Le fortuné chanteur vocalisait encore.

Sous les grands hêtres verts qui lui filtraient le jour,
La reine de son cœur veillait au nid d'amour.

Dans le berceau de mousse il revint d'un coup d'aile,
Impatient alors de se rapprocher d'elle.

Puis le maître divin dormit profondément…
Mais parfois il chantait dans son rêve en dormant.

« Les yeux fermés, il pense encore à moi », dit-elle,
Heureuse d'être aimée, heureuse d'être belle.

André LEMOYNE (1822-1907)
Recueil « Chansons des nids et des berceaux », 1896

Avant de vivre de sa poésie, André Lemoyne a exercé les métiers d'ouvrier typographe, correcteur, avocat, chef de publicité, et bibliothécaire à l'École des Arts Décoratifs de Paris.

André Lemoyne.

Le poème ci-après fait suite à celui de Joachim Du Bellay : *Épitaphe d'un petit chien*, **dont il se rapproche par le fond, par la forme, et par le vocabulaire.**

Sur la mort d'un petit chien

Muse du Ciel, Muse m'amie,
Muse qui sembles endormie,
N'ois-tu point le chant si divin,
Le chant du divin Angevin[1],
De l'Angevin que tant j'honore,
Qui la mort de Ploton déplore,
Ploton ce petit chien poli,
Des petits chiens le plus joli !
Là donc, Muse, l'heur[2] de ma vie,
Puisqu'à chanter il nous convie,
Réveillons-nous, chassons l'ennui,
Et plaignons[3] Ploton avec lui.

La main de la sage nature
Mit jadis son art et sa cure[4]
Pour le faire beau de tout point,
Et d'un grasselet embonpoint,
D'un poil aussi blanc qu'une hermine,
Taché de noir dessus l'échine,
D'un nez dans le chef enfoncé,
D'un œil hors du chef repoussé,
D'une haleine douce et plaisante,
D'une dent aussi reluisante
Comme une perle d'orient,
D'un petit musequin friand[5],

---

[1] Du Bellay (qui, dans ses ouvrages, accole son origine à son nom).

[2] La chance, le bonheur.

[3] Pleurons.

[4] Son application.

[5] Du Bellay utilise la même expression : cf. page 27, vers 19.

D'une oreille pendante et basse,
Et d'une frétillante grâce,
Telles qu'on l'eût su désirer,
Elle le fit pour l'admirer.

Et ne voulant que son ouvrage
Reçût çabas moins d'avantage
Qu'il en avait reçu des Dieux,
D'elle, des Astres et des cieux,
Aussitôt qu'elle l'eût fait naître,
Il eut un grand seigneur pour maître :
Si que[6] Ploton fut en son temps
D'un grand Seigneur le passe-temps,
Et fut en sa forme indicible
Le plus beau chien qu'il est possible.
« Mais quoi ? notre contentement
Ne dure jamais longuement,
Et volontiers la chose exquise
Par la mort est bientôt conquise. »[7]

Ploton, et de nuit et de jour,
Était de son maître à l'entour,
Et jamais ne prit plaisir d'être
Auprès d'un autre que son maître.
Et soit que son maître veillât,
Qu'il repût, ou qu'il sommeillât,
Cette bête de sens pourvue
Jamais ne le perdait de vue.
Et eut bien le petit Ploton
En son vivant l'esprit si bon,
Et plein de telle connaissance,
Que si quelqu'un en sa présence
Parlait à son maître pour bien,

[6] Forme d'insistance.

[7] Paraphrase de vers des poètes grecs du Ve siècle av. J.C. Simonide de
Céos et Euripide, et du poète latin du Ier siècle av. J.C. Horace, vers qui
évoquent l'impossibilité d'atteindre au bonheur parfait.

Le petit chien ne disait rien ;
Mais s'il lui travaillait la tête
De quelque importune requête,
Ploton en aboyant alors
Le contraignait d'aller dehors,
Et sa guerre oncques n'était morte
Qu'il ne l'eût fait passer la porte.

Ploton courait, Ploton sautait,
Ploton jamais ne s'arrêtait
Lors que son maître était bien aise ;
Mais s'une nouvelle mauvaise,
Ou si quelque autre empêchement
Lui occupait l'entendement,
Ploton comme une sage bête
Jamais à nul ne faisait fête :
Ainçois comme atteint d'un grand soin[8],
S'allait cacher en quelque coin,
Et là bellement sans mot dire
Attendait qu'il fût temps de rire.
Puis soudain que venait ce temps
Il redoublait ses passe-temps.

Ploton en son amour extrême,
Aimait Monsieur mieux que soi-même,
Et Monsieur, Ploton aimait mieux
Qu'il ne faisait l'un de ses yeux,
Et si l'un estimé doit être
Heureux pour avoir un tel maître,
L'autre le doit être aussi bien
Pour avoir un tel petit chien,
Qui vaut qu'une tombe on lui donne
Comme on fit au chien d'Hyppamone[9].

[8] *Mais comme pris d'une grande attention.*

[9] Mythologie grecque : le chien d'Hippomène et Atalante était une figuration de l'amour et de la fidélité.

Ploton ne mangea jamais chair,
Ni n'en voulut jamais toucher[10]
Ayant connaissance certaine
Qu'aux chiens elle gâte l'haleine ;
Mais bien de miettes de pain
Qu'il prenait de la seule main
De son maître, et de belle eau claire,
Ploton faisait son ordinaire.

Ploton qui avait ce bonheur
De dormir près de son Seigneur,
Comme faveur bien desservie,
N'attendit jamais de sa vie
Qu'il eût la peine de crier
Pour faire lever un chambrier :
Car dès que l'aube était levée,
La petite bête privée,
Pour le chambrier faire lever,
S'en allait au lit le trouver,
Et là de sa petite patte
Et de sa bouche délicate,
Grondait si bien et frétillait,
Que le chambrier s'en éveillait,
Et soudain s'en allait remettre
À faire service à son maître.

Ploton, si son maître écrivait,
Guettait, quand quelqu'un arrivait,
Qu'en feignant quelque chose dire
Son écriture il ne vint lire.

Ploton comme un oiseau volait,
Alors que son maître voulait
Que quelque chose il allât prendre,
Qu'il guettait bas pour la lui rendre.

[10] Comme en d'autres occurrences rencontrées au fil des vers, la rime *chair/ toucher* témoigne de l'évolution de la prononciation de la langue française : jadis, on tendait à ne prononcer aucune consonne finale.

Ploton n'était point paresseux,
Ni sorti de race de ceux
Qui jadis leur malheureux maître
Firent mourir sans le connaître.[11]

Ploton était plein de douceur,
Mais Ploton n'était point chasseur,
Et ni par vaux, ni par montagnes,
Ni par forêts, ni par campagnes,
Ne courait pas fort volontiers
Après cerfs, lièvres, ou sangliers.

Ploton avait plus de notice
Que le chien qui connut Ulysse
Vingt ans après le sac Troyen.[12]

Ploton n'était pas un grand chien
Comme ces dogues d'Angleterre[13],
Car il ne faisait point la guerre,
Fumant de bouche et de naseaux,
Devant les Princes aux taureaux[14] ;
Mais de petite et belle taille,

[11] Référence au mythe grec d'Actéon : transformé en cerf par Artémis, furieuse qu'il l'ait vue nue se baignant avec ses amies, il fut dévoré par ses chiens qui ne l'avaient pas reconnu sous cette forme.

[12] Référence à l'*Odyssée* d'Homère : Ulysse, bien que déguisé en mendiant, fut reconnu par son chien Argos à son retour de la guerre de Troie.

[13] Chiens de chasse réputés pour leur violence (Ronsard fait allusion, dans la pièce V de son *Livret de folastries*, à « Un dogue affamé de Bretagne »).

[14] Allusion à la corrida — inexistante en France à la date d'écriture de ce texte : en effet, loin d'y être une tradition immémoriale, la première y est organisée voilà à peine plus d'un siècle et demi, en 1853, à l'initiative de Eugénie de Montijo, épouse de l'empereur Napoléon III, de nationalité espagnole (et même en Espagne, la corrida ne remonte pas à l'Antiquité : ce qui existe dans l'Antiquité, c'est la *tauromachie* [du grec « taurus », *taureau* et « makhê » *combat*], qui consiste en des luttes, laissant sa chance à chacun, soit entre taureaux soit entre hommes et taureaux).

Ploton faisait une bataille
Contre une souris, beaucoup mieux
Que le dogue le plus furieux.

Ploton n'avait point tant de ruse
Qu'en eut la chienne d'Arethuse[15],
Qui sa maîtresse délectait
Quand son époux absent était.
Ploton de sens je parangonne[16]
Au chien qui, jadis, Érygone
Conduisit au lieu sûrement
Auquel fut misérablement,
Par des gens champêtres, ravie
De son père Icare la vie[17].

Ploton fut doux comme un agneau,
Ploton fut gai comme un moineau,
Simple comme une colombelle,
Loyal comme une tourterelle,
Friand comme un rat foleton,
Mignard comme un petit chaton,
Bref Ploton fut plus agréable,
Plus frétillard, plus amiable,
Plus bénin[18], plus obéissant
Plus avisé, plus connaissant,
Plus vigilant et plus habile,
Et de nature plus gentile[19],
Et plus digne d'en dire bien,
Que ne fut jamais petit chien.

[15] Autre référence mythologique grecque.

[16] Compare.

[17] Référence au poète latin Properce (vers 47 av. J.C.-vers 15 av. J.C.) : la chienne Méra indiqua à Érygone l'emplacement du puits dans lequel avait été jeté son père (pas le fils de Dédale, il s'agit d'un autre Icare).

[18] Bienveillant.

[19] Gentille.

Mais quoi ? cette Parque[20] felonne,
Qui jamais n'épargne personne,
Jalouse de voir nos ébats
Nous l'a fait descendre là-bas.
Cette lice[21], cette exécrable,
Cette Parque tant misérable,
Dépitée de nous voir contents,
Nous a ravi nos passe-temps.
Cette Parque, cette bourrelle[22],
Cette mort méchante et cruelle,
Ministre du Prince Pluton[23],
A tué le petit Ploton ;
Le petit Ploton délectable,
Le gentil Ploton souhaitable,
Le joli Ploton qui n'avait
Rien d'imparfait quand il vivait.

Comme une bonne ménagère,
Qui son fil d'une main légère
Dévide de jour et de nuit,[24]
Et tant son ouvrage poursuit
Que du ploton qu'elle dévide
En fin sa main demeure vide,
Et son ouvrage tout entier,
Fors que[25] d'un petit papier[26]
Que dedans on entortillonne
Afin que mieux il se façonne ;
Ainsi quand le fil de tes jours,

[20] Mythologie romaine : référence à la dernière des trois Parques, celle qui coupe le fil de la vie (cf. note 17 page 31).
[21] La lice est la femelle du chien de chasse.
[22] Féminin de *bourreau*.
[23] Cf. note 16 page 30.
[24] Cf. note 17 page 31.
[25] Excepté.
[26] Le poème de Du Bellay, *Épitaphe d'un petit chien* (cf. pages 27 sqq.).

Ploton, a eu fini ton cours,
Et que ta vie ainsi guidée
A été toute dévidée,
Tu es mort, tu es mort, hélas !
Sans laisser rien à ton trépas
Qu'un papier que Bellay trace ores[27],
Et celui que je trace encores,
Que je me promets être tel
Qu'il te pourra faire immortel.

Va donc passer, âme bénigne[28]
Digne d'être au ciel un beau signe,
Va donc âme de petit chien,
Passe le fleuve Stygien[29] :
Suivant Mercure[30] qui te guide
Auprès du perroquet d'Ovide[31],
Et du beau petit passereau
Dont Catulle a fait le tombeau[32]. [33]
Et si ces vers que je compose

---

[27] *Qui est d'ores et déjà écrit par Bellay.*

[28] Bienveillante.

[29] Mythologie grecque : fleuve du royaume des morts.

[30] Mythologie romaine : dieu des voyages.

[31] Référence à l'élégie que le poète latin Ovide (vers 43 av. J.C.- vers 17 ap. J.C.) a écrite pour son oiseau : *Sur la mort d'un perroquet.*

[32] Référence à l'ode et à la déploration que le poète latin Catulle (vers 85 av. J.C.- vers 54 av. J.C.) a écrites sur la mort de l'oiseau de sa maîtresse (nommée *Lesbia* dans ses écrits).

[33] Catulle a inventé l'ode à l'animal familier mort ; avant lui, les Grecs écrivaient aussi pour les animaux qu'ils aimaient, poèmes et épitaphes, mais il s'agissait de textes courts. Après Catulle, parmi les poètes (outre Ovide) ayant suivi la voie qu'il a ouverte dans ce genre, on peut citer Stace (vers 40-après 95), poète latin auteur de la complainte funèbre *Le perroquet d'Atedius Melior*, Alcuin (vers 730-804), un conseiller de Charlemagne auteur d'une *Complainte* pour un rossignol, ou encore les humanistes italiens Maffeo Vegio (vers 1406-1458) et Giovanni Pontano (1429-1503), auteurs d'épitaphes à des étourneaux.

Méritent de toi quelque chose,
Je te supplie que quand la mort
M'enverra là-bas sur le port,
Pour ma dernière résidence,
Je te supplie qu'en récompense
De ce que je chante de toi,
Tu t'en viennes auprès de moi,
D'une non pareille allégresse
Sautelant me faire caresse ;
Afin que l'ennui qui me point
Là-bas ne me tourmente point,
Et que ta gaillardise vive
Garde que mon mal ne me suive,
Et que vif et mort langoureux
Je ne sois toujours malheureux.

Olivier de MAGNY (vers 1529-vers 1561)
Recueil « Odes », 1559

Olivier de Magny, secrétaire du roi Henri II, vécut son ascension de poète alors qu'il était un protégé de sa favorite Diane de Poitiers. À la mort de Henri II, son fils François II lui succède sur le trône de France.

Mais comme il a quinze ans (et il ne lui reste qu'un an et demi à vivre), sa mère Catherine de Médicis devient régente. Elle dépossède aussitôt Diane de ses principaux biens et l'expulse de la Cour. Quant à Magny, ne voulant pas se priver de son expérience elle lui laisse sa charge, mais lui fait comprendre que son intérêt est de rester discret. À compter de ce moment, on ne trouve plus aucun écrit de Magny, et ni le lieu, ni les circonstances, ni la date de son décès ne sont connus. Tout au plus peut-on conjecturer qu'il n'est plus vivant à l'été 1561 car, le 31 juillet de cette année-là, un certain Victor Brodeau est nommé pour le remplacer au poste de secrétaire du nouveau roi, Charles IX (âgé seu-

lement de dix ans, il a succédé à son frère François sept mois plus tôt, et il mourra quatorze années plus tard).

Henri II.

Catherine de Médicis.

François II.

Diane de Poitiers.

Charles IX.

Portraits par François Clouet.

Sur une petite chienne

Moi qui suis partisan de la métempsychose,
Je soupçonne très fort que Coquette, autrefois,
Était une marquise à l'agaçant minois,
Et rien que son aspect confirmerait la chose.

Observez sa figure et son geste et sa pose,
De quel air grande dame on saute aux bons endroits,
Comme aux places d'honneur on sent qu'on a des droits,
Et comme on porte au cou son nœud de ruban rose !

Si l'on prônait jadis notre beau petit nez,
Notre œillade assassine et nos traits chiffonnés,
Et notre pied charmant, le plus mignon du globe,

Notre queue aujourd'hui n'est pas moins belle à voir,
Ou notre fine patte ou notre museau noir,
Ou le long poil soyeux qui forme notre robe.

Amédée POMMIER (1804-1877)
Recueil « Colifichets – Jeux de rimes », 1860

*Dessin
par le caricaturiste
Grandville.*

Chiens jouant au poker. Par Cassius Marcellus Coolidge. 1903.

Misse et Turlu, greyhounds de Louis XV. Par Jean Baptiste Oudry. 1725.

Vers sur la mort d'un petit chat

Maintenant le vivre me fâche
Et afin, Magni[1], que tu saches
Pourquoi je suis tant éperdu,
Ce n'est pas pour avoir perdu
Mes anneaux, mon argent, ma bourse.
Et pour quoi est-ce donq' ? Pour ce
Que j'ai perdu depuis trois jours
Mon bien, mon plaisir, mes amours.
Et quoi ? ô souvenance grève[2]
À peu que le cœur ne me crève
Quand j'en parle, ou quand j'en écris,
C'est Belaud mon petit chat gris,
Belaud qui fut par aventure
Le plus bel œuvre que nature
Fit onc[3] en matière de chats :
C'était Belaud, la mort aux rats,
Belaud, dont la beauté fut telle
Qu'elle est digne d'être immortelle.
Doncques Belaud premièrement
Ne fut pas gris entièrement,
Ni tel qu'en France on les voit naître,
Mais tel qu'à Rome on les voit être :
Couvert de poil gris argentin,
Ras et poli comme satin,
Couché par ondes sur l'échine,
Et blanc dessous comme une hermine.
Petit museau, petites dents,
Yeux qui n'étaient point trop ardents ;
Mais desquels la prunelle perse
Imitait la couleur diverse
Qu'on voit en cet arc pluvieux
Qui se courbe au travers des cieux.

[1] Olivier de Magny — l'orthographe ne sera pas codifiée avant le XVIIe siècle, d'où son aspect aléatoire.

[2] Affligeante.

[3] Jamais (au sens positif du terme).

La tête à la taille pareille,
Le cou grasset, courte l'oreille,
Et dessous un nez ébenin[4]
Un petit mufle lionin,
Autour duquel était plantée
Une barbelette argentée
Armant d'un petit poil follet
Son musequin damoiselet[5].
Jambe grêle[6], petite patte
Plus qu'une moufle délicate,
Sinon à lors qu'il dégainait
Cela, dont il égratignait.
La gorge douillette[7] et mignonne ;
La longue queue à la guenonne
Mouchetée diversement
D'un naturel bigarrement.
Le flanc haussé, le ventre large,
Bien retroussé dessous sa charge,
Et le dos moyennement long,
Vrai Souriant, s'il en fut onq'.
Tel fut Belaud, la gente bête,
Qui des pieds jusques à la tête
De telle beauté fut pourvu
Que son pareil on n'a point vu.

Ô quel malheur ! Ô quelle perte
Qui ne peut être recouverte !
Ô quel deuil mon âme en reçoit !
Vraiment la Mort, bien qu'elle soit
Plus fière[8] qu'un ours, l'inhumaine,
Si de voir elle eût pris la peine

---

[4] Couleur ébène.
[5] Cf. note 3 page 27 et note 12 page 30.
[6] Gracile.
[7] Délicate au toucher.
[8] Cruelle.

Un tel chat, son cœur endurci
En eût eu, ce crois-je, merci[9] ;
Et maintenant ma triste vie
Ne hairait de vivre l'envie[10].
Mais la cruelle n'avait pas
Goûté les folâtres ébats
De mon Belaud, ni la souplesse
De sa gaillarde[11] gentillesse ;
Soit qu'il sautât, soit qu'il grattât,
Soit qu'il tournât, ou voltigeât
D'un tour de chat, ou soit encores
Qu'il prît un rat, et or et ores[12]
Le relâchant pour quelque temps,
S'en donnant mille passe-temps.
Soit que d'une façon gaillarde
Avec sa patte frétillarde
Il se frottât le musequin,
Ou soit que ce petit coquin
Privé sautât dessus ma couche,
Ou soit qu'il ravît de ma bouche
La viande, sans m'outrager,
Alors qu'il me voyait manger,
Soit qu'il fît en diverses guises
Mille autres telles mignardises.
Mon dieu quel passe-temps c'était,
Quand ce Belaud virevoltait,
Folâtre autour d'une pelote !
Quel plaisir, quand sa tête sotte[13],
Suivant sa queue en mille tours,
D'un rouet imitait le cours !
Ou quand assis sur le derrière

[9] Pitié.

[10] *N'aurait pas à souffrir de vivre dans le chagrin.*

[11] Vive, piquante.

[12] Et encore et toujours.

[13] Innocente.

Il s'en faisait une jartière !
Ou quand, alors qu'on l'animait[14]
À coups de patte il escrimait,
Et puis apaisait sa colère
Tout soudain qu'on lui faisait chère[15] !
Voilà, Magni, les passe-temps
Où Belaud employait son temps.
N'est-il pas bien à plaindre[16] donques[17] ?

Au demeurant tu ne vis onques[18]
Chat plus adroit, ni mieux appris
À combattre rats et souris.
Belaud savait mille manières
De les surprendre en leurs tanières,
Et lors leur fallait bien trouver
Plus d'un pertuis[19] pour se sauver ;
Car onques rat, tant fût-il vite[20],
Ne se vit sauvé à la fuite
Devant Belaud. Au demeurant
Belaud n'était pas ignorant :
Il savait bien, tant fut traitable[21],
Prendre la chair dessus la table,
J'entends, quand on lui présentait ;
Car autrement il vous grattait,
Et avec la patte friande[22]
De loing muguetait[23] la viande.

[14] Excitait.
[15] Des caresses.
[16] Regretter.
[17] Dès lors.
[18] Jamais.
[19] Trous.
[20] Rapide.
[21] Conviable (de *traiter* : recevoir à sa table).
[22] Gourmande.
[23] Convoitait.

Belaud n'était point malplaisant,
Belaud n'était point malfaisant,
Et ne fit onq' plus grand dommage
Que de manger un vieux fromage,
Une linotte et un pinson,
Qui le fâchaient de leur chanson.
Mais quoi, Magni ? nous-mêmes hommes
Parfaits de tous points nous ne sommes.

Belaud n'était point de ces chats,
Qui nuit et jour vont au pourchas
N'ayant souci que de leur panse :
Il ne faisait si grand' dépense,
Mais était sobre à son repas,
Et ne mangeait que par compas[24].
Aussi n'était-ce sa nature
De faire partout son ordure,
Comme un tas de chats, qui ne font
Que gâter tout par où ils vont.
Car Belaud, la gentille bête,
Si de quelque acte moins qu'honnête
Pressé possible il eût été,
Avait bien cette honnêteté
De cacher dessous de la cendre
Ce qu'il était contraint de rendre.
Belaud me servait de jouet,
Belaud ne filait au rouet[25],
Grommelant une litanie
De longue et fâcheuse harmonie ;
Ains[26] se plaignait mignardement
D'un enfantin miaulement.
Belaud (que j'aie souvenance[27])

---

[24] Avec mesure (de *compasser* : mesurer).

[25] *Filer au rouet* : bougonner (comme une femme marmonnant en filant).

[26] Mais.

[27] *Pour autant que je me souvienne.*

Ne me fit onq' plus grande offense
Que de me réveiller la nuit,
Quand il entendait quelque bruit
De rats qui rongeaient ma paillasse :
Car lors il leur donnait la chasse,
Et si dextrement les happait,
Que jamais un n'en échappait.
Mais, las ! depuis que cette fière[28]
Tua de sa dextre meurtrière
La sûre garde de mon corps,
Plus en sûreté je ne dors :
Et or[29], ô douleurs non pareilles !
Les rats me mangent les oreilles ;
Même tous les vers que j'écris
Sont rongés de rats et souris.
Vraiment les dieux sont pitoyables[30]
Aux pauvres humains misérables,
Toujours leur annonçant leurs maux,
Soit par la mort des animaux,
Ou soit par quelque autre présage,
Des cieux le plus certain message.
Le jour que la sœur de Clothon[31]
Ravit mon petit Peloton,
Je dis, j'en ai bien souvenance,
Que quelque maligne influence
Menaçait mon chef de là-haut,
Et c'était la mort de Belaud.
Car quelle plus grande tempête
Me pouvait foudroyer la tête ?
Belaud était mon cher mignon
Belaud était mon compagnon.

[28] Cruelle.

[29] Maintenant.

[30] Charitables.

[31] Mythologie grecque : Clotho fabrique le fil de la destinée, sa sœur
Atropos le coupe (cf. note 17 page 31).

À la chambre, au lit, à la table,
Belaud était plus accointable
Que n'est un petit chien friand ;
Et de nuit n'allait point criant,
Comme ces gros marcoux[32] terribles,
En longs miaulements horribles ;
Aussi le petit mitouard[33]
N'entra jamais en matouard[34],
Et en Belaud, quelle disgrâce !
De Belaud s'est perdu'[35] la race.

Que plût aux dieux, petit Belon,
Que j'eusse l'esprit assez bon
De pouvoir en quelque beau style
Blasonner[36] ta grâce gentile
D'un Vers aussi mignard que toi !

Belaud, je te promets ma foi
Que tu vivras, tant que sur terre
Les chats aux rats feront la guerre.

Joachim Du Bellay.
Frontispice d'un ouvrage
publié en 1868.

Joachim DU BELLAY *(vers 1522-1560)*
Recueil « Divers Jeux rustiques », 1558

**Égal de Ronsard dans le génie poétique, son parte-
naire dans l'enrichissement de la langue française[37], Du
Bellay compose en deux versions : français et latin, ce poème que lui inspire la mort de son chartreux.**

---

[32] Matous.   [33] Gentil chat.   [34] Chat viril.

[35] Le *e* final a été élidé car, se prononçant à l'époque de l'écriture de ce texte, il aurait compté pour une syllabe et le vers en aurait donc comporté une de trop.

[36] Louer, avec la précision de la description d'un blason — en 1535, Clément Marot avait inventé le *blason* poétique : poème louangeur.

[37] Cf. *Poésie Amoureuse des XIVe, XVe et XVIe siècles*, Anny MARTINE-B.

POÈMES ANACRÉONTIQUES

Anacréon (v. 550 av. J.C.– v. 464 av. J.C.), l'un des plus grands poètes de l'Antiquité grecque, a écrit des odes caractérisées par leur légèreté, leur douceur, et leur sagesse.

L'*Encyclopédie de Diderot* présente ainsi Anacréon : « [...] Il se rendit célèbre par la délicatesse de son esprit et par le tour aisé de sa poésie, où, sans qu'il paraisse aucun effort de travail, on trouve partout des grâces simples et naïves. Ses odes [...] ne respirent que le plaisir et l'amusement [...]. Le tendre, le naïf, le gracieux, sont les caractères du genre anacréontique, qui n'a mérité le nom de lyrique, dans l'Antiquité, que parce qu'on le chantait en s'accompagnant de la lyre [...] ».

La presque totalité de l'œuvre d'Anacréon a disparu, mais, au fil des siècles, des poètes ont pris son style pour modèle. Le premier semble avoir été le Grec Théocrite (v. 315 av. J.C.–v. 250 av. J.C.), dont voici la traduction de son ode XL, *Sur Éros*, donnée par Leconte de Lisle :

Éros ne vit pas une abeille cachée dans des roses et il en fut piqué. Il fut piqué à la main et se mit à pleurer. Et courant, et volant jusqu'à la blanche Kythéré, il dit :
– Hélas ! je suis mort, je suis mort, ma mère ! Je vais mourir ! Voici qu'un petit serpent ailé m'a blessé, de ceux que les laboureurs nomment abeilles.
Elle lui dit : – Si une abeille t'a fait un si grand mal, combien, Éros, penses-tu que souffrent ceux que tu blesses ?

Ensuite c'est le Phénicien Antipater de Sidon (mort vers 100 av. J.C.) qui s'inspire d'Anacréon ; puis on peut citer les Romains Catulle (v. 85 av. J.C.– v. 54 av. J.C.), Horace (65 av. J.C.–8 av. J.C.) et Tibulle (55 av. J.C.–19 av. J.C.) ; le Grec Crinagoras de Mytilène (Iᵉʳ siècle av. J.C.–Iᵉʳ siècle ap. J.C.) ; au IIᵉ siècle, le grammairien romain Aulu-Gelle, et son contemporain grec Lucien de Samosate ; au VIᵉ siècle l'épigrammatiste byzantin Julien l'Égyptien, et le moine palestinien Jean de Gaza ; au IXᵉ siècle le Byzantin

Léon le Philosophe, au Xe Constantin de Sicile, au XIe le Grec Christophe de Mytilène… La liste est longue. Au point que, dès les premiers siècles de notre ère, Anacréon est déjà trop souvent confondu avec ses imitateurs.

En France, Henri Estienne (vers 1530–1598), issu d'une lignée d'imprimeurs et imprimeur lui-même, érudit et philologue éminent, amoureux des auteurs grecs et latins, et défenseur diligent de la langue française, traduit Anacréon et Théocrite en latin en 1554.

Deux ans plus tard Rémy Belleau (1528–1577), membre du groupe de poètes réformateurs *La Pléiade*, adapte en français l'œuvre d'Estienne.

Et Pierre de Ronsard (1524–1585), fondateur de La Pléiade et grand ami de Belleau, est à son tour emporté par la vague anacréontique qui baigne le XVIe siècle.

Maintenant, à nous de nous laisser séduire…

Premier thème : l'Amour piqué.

L'Amour piqué.
Par Jean Antoine Marie Idrac.
Fin XIXe siècle.

[Détail : l'abeille]

Crédit : Sdegroisse.
Licence CC BY-SA 4.0.

L'abeille

Sur le vert Hymette[1] Éros, un matin,
Dérobait du miel à la ruche attique,
Mais, voyant le Dieu faire son butin,
Une prompte abeille accourt et le pique.
L'enfant tout en pleurs, le Dieu maladroit,
S'enfuit aussitôt, souffle sur son doigt,
Et jusqu'à Kypris vole à tire-d'aile,
Oubliant son arc, rouge et courroucé :
– Ma mère, un petit serpent m'a blessé
Méchamment, dit-il, de sa dent cruelle. –
Tel se plaint Éros, et Kypris en rit :
– Tu blesses aussi, mais nul n'en guérit ! –

LECONTE de LISLE (1818-1894)
Recueil « Poèmes et Poésies –
Odes anacréontiques », 1855

Imitation de l'ode d'Anacréon

Une abeille avait blessé
Le petit Dieu de Cythère ;
Impatient, courroucé,
Il exagère à sa mère
La peine qu'il en ressent ;
Vénus lui dit en riant :
Si de semblables piqûres
Te causent tant de douleurs,
Juge, mon fils, ce qu'un cœur
Doit souffrir de tes blessures.

Jean Baptiste ROUSSEAU (vers 1670-1741)
Recueil « Les Œuvres choisies du Sr Rousseau », 1716

---

[1] Mont proche d'Athènes, dont le miel est encore aujourd'hui très réputé.

D'Amour piqué par une mouche à miel

Amour ne voyait pas enclose
Entre les replis de la rose
Une mouche à miel, qui soudain
En l'un de ses doigts le vint poindre :
Le mignon commence à se plaindre,
Voyant enfler sa blanche main.

Aussitôt à Vénus la belle,
En fuyant, vole à tire-d'aile :
Mère, dit-il, c'est fait de moi,
C'en est fait, et faut qu'à cette heure,
Navré[1] jusques au cœur, je meure,
Si secouru ne suis de toi.

Navré je suis en cette sorte
D'un petit serpenteau, qui porte
Deux ailerons dessus le dos ;
Aux champs, une abeille on l'appelle :
Voyez donc ma plaie cruelle.
Las ! il m'a piqué jusqu'à l'os.

Mignon, dit Vénus, si la pointe
D'une mouche à miel, telle atteinte
Droit au cœur (comme tu dis) fait,
Combien sont navrés davantage
Ceux qui sont époints[2] de ta rage,
Et qui sont blessés[3] de ton trait ?

Rémy BELLEAU (1528-1577)
Recueil « Les Odes d'Anacréon, Téien[4] », 1556

Adaptation du texte en latin de Henri Estienne.

[1] Blessé.
[2] Piqués.
[3] *Être blessé : souffrir.*
[4] Habitant de la ville antique de Téos.

L'Amour piqué par une abeille

Le petit enfant Amour
Cueilloit des fleurs à l'entour
D'une ruche où les avettes
Font leurs petites logettes.

Comme il les alloit cueillant,
Une avette sommeillant
Dans le fond d'une fleurette,
Lui piqua la main tendrette.

Sitôt que piqué se vit,
Ah ! je suis perdu, ce dit[1] ;
Et s'en courant vers sa mère,
Lui montra sa plaie amère :

Ma mère, voyez ma main,
Ce disoit Amour tout plein
De pleurs, voyez quelle enflure
M'a fait une égratignure !

Alors Vénus se sourit,
Et en le baisant le prit,
Puis sa main lui a soufflée,
Pour guérir sa plaie enflée.

Qui t'a, dis-moi, faux garçon,
Blessé de telle façon ?
Sont-ce mes Grâces riantes
De leurs aiguilles poignantes ?

Nenny, c'est un serpenteau,
Qui vole au printemps nouveau
Avecques deux ailerettes
Çà et là sur les fleurettes.

[1] Dit-il ainsi.

Ah ! vraiment je le connois,
Dit Vénus ; les villageois
De la montagne d'Hymette
Le surnomment Mélissette.

Si donques un animal
Si petit fait tant de mal
Quand son alène époinçonne
La main de quelque personne,

Combien fais-tu de douleurs
Au prix de lui, dans les cœurs
De ceux contre qui tu jettes
Tes homicides sagettes ?

Pierre de RONSARD (1524-1585)
Recueil « Les Odes », 1550

Vénus avec Cupidon
le voleur de miel.
[Recadré]
Par Lucas Cranach l'Ancien.
1530.

Amour piqué d'une abeille

Amour un jour, cupide et envieux,
S'achemina en un lieu de plaisance
Ou y avait d'abeilles abondance,
Pour dérober leur miel délicieux ;

Mais, en voulant de ses doigts précieux
Sonder leur fort, une sur lui s'avance
Fort rudement, et tellement l'offense[1]
Qu'il s'en vola, despit[2] et furieux.

Comment font mal (va-t-il dire à sa mère,
Se lamentant de sa douleur amère)
Mouches à miel, si petits animaux ?

Vénus adoncq' ainsi lui répondit :
Et toi, qui n'es qu'un enfançon petit,
Ne fais-tu pas, mon ami, tant de maux ?

Jacques BÉREAU (vers 1537-vers 1571)
Recueil « Églogues et autres œuvres poétiques », 1565

Béreau est un poète du Poitou dont la renommée ne s'est pas largement étendue au-delà de sa région.

L'Amour piqué. Par Joseph de Longueil. XVIIIᵉ siècle.

[1] Le blesse.
[2] Dépité.

**Autre thème anacréontique :
l'hirondelle.**

L'hirondelle

Toi, mignonne hirondelle,
Voyagère annuelle,
L'été ton nid tu fais
Et tout l'hiver tu es
Invisible, et t'enfuis
Au Nil ou en Memphis.
Las, mais Amour sans cesse
Son nid dans mon cœur dresse !
Un amour s'empluma or[1],
Un autre est œuf encor,
L'autre est jà mi éclos ;
Et, toujours sans repos,
Des petits qui pépient
Béants dedans moi crient.
Par les amours grandets,
Les petits amourets
Sont nourris ; et, nourris,
Soudain sont de petits
Une nouvelle engeance.
Et quoi ? quand la puissance
De nombrer n'a ma voix
Tant d'amours à la fois.

Antoine de Baïf.

*Antoine de BAÏF (1532-1589)
Recueil « Les Amours — Diverses amours », 1572*

Lui aussi membre de La Pléiade, Baïf crée la première aca-démie française, l'*Académie de poésie et de musique*. Il bénéficie pour cela de l'appui du roi Charles IX, qui lui voue une grande admiration et assistera souvent aux séances de cette Académie.

---

[1] Maintenant.

L'hirondelle

Ha ! Dieu ! tu reviens tous les ans,
Tu reviens tous les ans, mignonne,
Et puis ton petit bec maçonne
Ton nid, au retour du Printemps.
L'Hiver venu, tu t'en retournes,
Ou dessus Memphis tu séjournes,
Ou sur le Nil. Las ! mais Amour,
Amour cruel, Amour, sans cesse
Son nid en ma poitrine dresse,
Y faisant éternel séjour.

L'un de ses petits sur le dos
A le duvet, et branle l'aile ;
L'autre est en sa coque nouvelle,
Et l'autre est à demi éclos ;
Puis cette amoureuse nichée
Toujours demande la becquée,
Toujours crie et toujours a faim ;
Les plus grands les petits nourrissent :
Ainsi jamais ils ne périssent,
En recouvant d'autres soudain.

Qu'est-ce, Dieu, que faire je dois ?
Hélas ! je ne puis, ce me semble,
Tel nombre d'amoureaux ensemble
Couver et nourrir dedans moi !

Rémy BELLEAU (1528-1577)
Recueil « Les Odes d'Anacréon, Téien », 1556

Adaptation du texte en latin de Henri Estienne.

L'hirondelle

Sitôt que tu sens arriver
La froide saison de l'hiver,
En septembre, chère hirondelle,
Tu t'envoles bien loin de nous ;
Puis tu reviens, quand le temps doux
Au mois d'avril se renouvelle.

Mais Amour, oiseau comme toi,
Ne s'enfuit jamais de chez moi :
Toujours mon hôte je le trouve ;
Il se niche en mon cœur toujours,
Et pond mille petits Amours
Qu'au fond de ma poitrine il couve.

L'un a des ailerons au flanc,
L'autre de duvet est tout blanc,
Et l'autre ne fait que d'éclore ;
L'un de la coque à demi sort,
Et l'autre en becquette le bord,
Et l'autre est dedans l'œuf encor.

J'entends, soit de jour, soit de nuit,
De ces petits Amours le bruit,
Béant pour avoir la becquée,
Qui sont nourris par les plus grands.
Et, grands devenus, tous les ans
Me couvent une autre nichée.

Pierre de RONSARD (1524-1585)
Recueil « Les Odes », 1550

Ronsard (secondé par Du Bellay) est l'artisan du renouveau de la langue et de la poésie françaises.[1]

[1] Dossier complet sur Ronsard, biographie et poèmes, dans l'anthologie *Poésie amoureuse des XIVᵉ, XVᵉ et XVIᵉ siècles [...]*, Anny MARTINE-B.

**D'Anacréon nous est parvenue aussi
l'ode à la cigale.**

La Cigale

Ô Cigale, née avec les beaux jours,
Sur les verts rameaux dès l'aube posée,
Contente de boire un peu de rosée,
Et telle qu'un roi, tu chantes toujours.
Innocente à tous, paisible et sans ruses,
Le gai laboureur, du chêne abrité,
T'écoute de loin annoncer l'été ;
Apollon t'honore autant que les Muses,
Et Zeus t'a donné l'Immortalité.
Salut, sage enfant de la Terre antique,
Dont le chant invite à clore les yeux,
Et qui, sous l'ardeur du soleil attique,
N'ayant chair ni sang, vis semblable aux Dieux !

LECONTE de LISLE (1818-1894)
Recueil « Poèmes et Poésies –
Odes anacréontiques », 1855

La Cigale

Ô que nous t'estimons heureuse,
Gentille Cigale amoureuse !
Car aussitôt que tu as beu[1]
Dessus les arbrisseaux un peu
De la rosée, aussi contente
Qu'est une princesse puissante,
Tu fais de ta doucette voix
Tressaillir les monts et les bois.

[1] Bu.

Tout ce qu'apporte la campagne,
Tout ce qu'apporte la montagne,
Est de ton propre[2]. Au laboureur
Tu plais surtout, car son labeur
N'offenses[3], ni portes dommage
N'à[4] lui, ni à son labourage.
Tout homme estime ta bonté,
Douce prophète de l'été.

La Muse t'aime, et t'aime aussi
Apollon, qui t'a fait ainsi
Doucement chanter. La vieillesse
Comme nous jamais ne te blesse.

Ô sage, ô fille terre-née,
Aime-chanson, passionnée
Qui ne fus onc d'affection,[5]
Franche[6] de toute passion,
Sans être de sang ni de chair,
Presque semblable à Jupiter !

Rémy Belleau.

Rémy BELLEAU (1528-1577)
Recueil « Les Odes d'Anacréon, Téien », 1556

Adaptation du texte en latin de Henri Estienne.

Figure de la Renaissance et auteur majeur de la littérature française, Belleau partage avec Ronsard le goût de la nature.

[2] Est ta propriété.

[3] Ne détruis.

[4] Ni à.

[5] *Qui ne fus jamais affectée.*

[6] Affranchie, libre.

**Et pour terminer,
une ode anacréontique à la jument.**

C'est aussi l'un des neuf poèmes formant le chapitre *Odes anacréontiques* du recueil *Poèmes et Poésies* de Leconte de Lisle, poèmes dont la particularité est qu'ils sont tous construits sur le même rythme : en décasyllabes, chaque vers ayant sa césure au milieu :

La cavale

Ô jeune cavale, au regard farouche,
Qui cours dans les prés d'herbe grasse emplis,
L'écume de neige argente ta bouche,
La sueur ruisselle à tes flancs polis.
Vigoureuse enfant des plaines de Thrace,
Tu hennis au bord du fleuve mouvant,
Tu fuis, tu bondis, la crinière au vent :
Les daims auraient peine à suivre ta trace.
Mais bientôt ployant sur tes jarrets forts,
Au hardi dompteur vainement rebelle,
Tu te soumettras, humble et non moins belle,
Et tes blanches dents rongeront le mors !

Whistlejacket.
Par George Stubbs.
Vers 1762.

TABLE DES MATIÈRES

INDEX DES AUTEURS

NOTES

Site de l'auteure : **www.anny-martine-b.net**

Tous les livres de l'auteure sont en vente sur AMAZON :

https://www.amazon.fr/Anny-MARTINE-B/e/B07K7GRFFK